BRAM REIJNHOUDT

Movies Select Books
Hilversum
1994

ISBN 90 225 1883 3

Stills
Collectie Bousma, Hilversum
Collectie Haagsman, Amsterdam
Collectie Hoppe, Düsseldorf

De filmografie is geïllustreerd met framevergrotingen, gemaakt met de Hitachi VY-170 videoprinter.

Redactionele adviezen
Bert Haagsman

Vormgeving
Piet Schreuders, Amsterdam

Zetwerk
Busch & Hall, Hilversum

Scan- en filmwerk
Niek van Dijk, Amsterdam

Druk
Combi Muller, Amsterdam

LAUREL & HARDY: DE SOLOJAREN

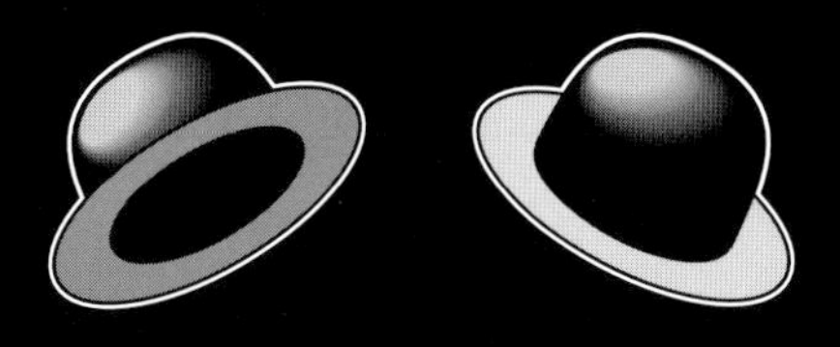

INHOUD

1913
Eerste stappen

Hollywood was nog een onbekende naam. Het centrum van de Amerikaanse filmproduktie lag aan de Oostkust: de staten New York en New Jersey, met Jacksonville in zonnig Florida als niet al te verre winterhoofdstad.

Begin 1913 arriveerde daar een forse, zwaargebouwde jongeman van even in de twintig. Norvell Hardy had als portier, schoonmaker en operateur gewerkt in een bioscoop in Milledgeville. Het Electric Theatre was de eerste bioscoop die in 1910 in dit stadje in Georgia was geopend. In een paar jaar tijd had Norvell honderden films geprojecteerd en met meer dan gewone aandacht bekeken. Wat daar op het doek gebeurde kon hij ook, en misschien wel beter. 'Ik *wist* dat gewoon,' zou hij later zeggen. Van een kennis had hij gehoord dat in Florida filmmensen waren neergestreken. Hij had zijn baan opgezegd, want hij twijfelde er niet aan dat er ginds werk voor hem lag.

In hetzelfde jaar 1913 stond in Philadelphia een 23-jarige variétékomiek uit Engeland op straat. Arthur Stanley Jefferson had na een slecht verlopen tournee door de States, en na mislukte optredens in Rotterdam en Luik, voor de tweede keer een kans aangegrepen naar Amerika te gaan met een van de reizende gezelschappen van Fred Karno, de Koning van de Britse music-hall. Hij ging als invaller voor Charles Chaplin, wiens roem bij het Amerikaanse publiek zo groot was dat de Karnotroupe kon inpakken toen Chaplin besloot zijn contract niet te verlengen. Hij ging naar de film, waar hij $125 per week kon verdienen tegen $75 bij Karno. Stanley, die $30 kreeg, had pech: het sprookje van de invaller die op de dag van de première zijn grote kans krijgt, werd geen werkelijkheid. De Amerikaanse impresario's wilden tot elke prijs een beroemde naam op hun affiches en Jefferson...? Nooit van gehoord!

Stanley zou zich later Laurel gaan noemen omdat zijn eigen naam dertien letters had en een kortere naam in grotere, vettere letters op de posters kwam. Norvell deed precies het tegenovergestelde. In zijn eerste films stond hij als *O.N. Hardy* op de rolverdeling, daarmee Oliver als voornaam adopterend ter nagedachtenis van zijn overleden vader. Al gauw gaf hij de voorkeur aan 'Babe' Hardy als artiestennaam, tot een numeroloog hem meer succes voorspelde met meer letters. Om die reden besloot hij definitief tot Oliver Hardy, met af en toe, als hij in zijn films extra gewichtig wilde overkomen, een uitbreiding tot Oliver Norvell Hardy. Voor zijn vrienden en collega's zou hij altijd 'Babe' blijven en voor zijn familie Norvell. En als Norvell belandde hij in Jacksonville, op zoek naar werk bij de film. Het getij was gunstig.

De Amerikaanse filmerij was in 1913 hard bezig uit de kinderschoenen te groeien. Van een echte industrie was nog geen sprake en 'glamour' was ver te zoeken, maar toch—de 'moving pictures' waren niet meer weg te denken, hoe graag dominees, opvoeders en culturele fijnproevers dat ook zouden willen. De eerste probeersels waren in artistieke kringen met een schouderophalen afgedaan. Zelfs de exploitanten die hun brood verdienden met deze schamele rolprenten, geloofden aanvankelijk niet in de duurzaamheid van hun produkt. Films waren een curieuze uitvinding, een noviteit waar een nieuwsgierig publiek massaal op af kwam en waar de nieuwigheid wel snel af zou gaan. Acteurs met zelfrespect leenden zich niet voor deze culturele barbarij.

In het begin van de jaren tien lagen de kaarten al anders. Niet langer werden films uitsluitend vertoond als eenmalige attractie in gehuurde achterafzaaltjes of kermistenten. In plaats daarvan kwamen er permanente bioscopen die in de VS 'nickelodeons' werden genoemd, naar de toegangsprijs van een *nickel* (vijf dollarcent). Het publiek kwam nog steeds hoofdzakelijk voort uit de laagste sociale klasse van arbeiders en kersverse immigranten, maar de gegoede burgerij liet zich toch steeds vaker aan de kassa zien. Zelfs moeders met kinderen gingen nu naar de film. De donkere zaaltjes waren lang verdacht terrein geweest voor vrouwen, maar de exploitanten van het nieuwe vermaak streefden met succes naar respectabiliteit, ook al bleef het verboden een nickelodeon te vestigen in de nabijheid van een kerk.

Een nickelodeon zoals er in de jaren tien duizenden in Amerika in leegstaande winkelpanden werden ingericht. Norvell Hardy was manusje-van-alles in zo'n noodbioscoop.

De films zelf waren er kwalitatief met sprongen op vooruitgegaan. In plaats van de toneelmatige beelden, opgenomen in grote totalen met een nooit van plaats veranderende camera, kwam er een meer dynamische montage met close-ups en half-totalen. Het werd mogelijk verhalen te vertellen die geen explicateur nodig hadden om te worden begrepen. De films kregen een langere adem. Waren de vroegste niet langer dan een akte of een halve akte (tien of vijf minuten), nu verschenen verhalen van twintig minuten of langer op het doek. De acteurs die eerst in anonimiteit hadden gewerkt, werden met naam en toenaam bekend.

De doorbraak voor de 'hoofdfilm' kwam in 1913 toen uit Italië het spektakel *Quo Vadis?* werd geïmporteerd. Nog in hetzelfde jaar begon regisseur D.W. Griffith aan zijn eerste lange film, *Judith of Bethulia*, eveneens een bijbels verhaal dat in zijn filmversie veertig minuten duurde. Het nickelodeon-publiek werd niet geacht de concentratie op te kunnen brengen die nodig was voor een zodanig lange zit. Grote films als deze werden daarom bij voorkeur in speciaal afgehuurde toneelzalen vertoond, tegen een hogere toegangsprijs en voor een 'beter' (lees welgestelder) publiek. De Amerikaanse vaudeville-directeuren haalden daarmee de vijand binnen. Maar vaudeville was nog niet dood.

STAN had de keus met het ontbonden gezelschap van Karno terug te gaan naar Engeland, of in Amerika te blijven. Hij bleef. Niet in de eerste plaats omdat hij hoopte op werk bij de film in het voetspoor van Chaplin. Hij zag zijn toekomst vooral op de planken. Daar lag zijn hart. Stanley Jefferson kwam uit een toneelfamilie. Zijn vader, Arthur Jefferson, beheerde theaters in het noorden van Engeland en Schotland. Hij was toneelschrijver en acteur, en zijn vrouw, Madge Metcalfe, was een gewaardeerd actrice. Stan was bij wijze van spreken geboren tussen de coulissen (in werkelijkheid in het huis van zijn grootouders aan moeders kant, in Ulverston, Lancashire). Op zijn zestiende jaar stond hij op de planken in Glasgow met een eigen komisch nummer en in zijn Amerikaanse periode zou hij alleen filmwerk aannemen als hij niet voor een tournee was geboekt. Film betekende in de eerste plaats: niet meer dat vermoeiende reizen van het ene saaie hotel naar het andere. De verleiding lag meer op het fysieke, dan op het artistieke vlak.

Daar kwam bij dat het vaudeville aansloot bij het milieu van de middenklasse waarin hij zich thuisvoelde. Het is historisch niet geheel juist de termen variété en vaudeville door elkaar te gebruiken. Het variété had in Amerika een ontwikkeling doorgemaakt die bij de film nog maar net begonnen was. Van opvoeringen in rokerige cafézaaltjes was het genre opgewaardeerd naar duurdere theaters in de beste wijken. Vaudeville, met zijn chique Franse bijklank, werd de nieuwe, onbesmette naam voor dit amusement van klasse. Nog steeds kon je op het programma gedresseerde hondjes en zeeleeuwen tegenkomen, naast mannenkwartetten en komische acts. Maar Enrico Caruso en Sarah Bernhardt vonden het niet beneden hun stand om in vaudeville op te treden.

Op zijn 17de kreeg Stanley zijn eerste contract als jongenskomiek bij een pantomime-gezelschap.

ZONDER uitzicht op vast emplooi, maar overtuigd van zijn eigen kunnen, ging Stan in conclaaf met twee andere schipbreukelingen van de Karno-tournee, het echtpaar Edgar en Wren Hurley. Het plan werd geboren om als zelfstandige groep met een eigen sketch het vaudeville-circuit af te reizen.

De jonge komiek had ervaring genoeg. In Engeland had hij gespeeld in 'Home from the Honeymoon', een sketch die zijn vader had geschreven (en die Laurel & Hardy tweemaal zouden verfilmen, als *Duck Soup* en *Another Fine Mess*). Bij Karno had hij Jimmy the Fearless gespeeld in de gelijknamige show, een hoofdrol die Chaplin eerst had geweigerd maar die hij na gebleken succes van Stan had overgenomen. En op de thuisreis van de eerste Amerikaanse tournee had Stan met een collega op de boot een nummer in elkaar gezet dat onder de naam 'The Rum 'Uns from Rome' in Londen goed had gelopen.

Met de Hurley's bedacht hij een klucht over inbrekers, 'The Nutty Burglars'. In zijn biografie *Mr. Laurel & Mr. Hardy* noemt John McCabe deze sketch 'in wezen een embryonale, vroege Laurel & Hardy eenakter.'

Twee onhandige boeven worden tijdens een inbraak betrapt door het dienstmeisje. Ze maken haar wijs dat ze ijsmannen zijn en terwijl de een het meisje bezighoudt, probeert de ander de brandkast te kraken. Een staaf dynamiet zorgt voor een explosieve finale.

Het nummer sloeg aan. Na enkele opvoeringen in kleinere theaters van Chicago tot Cleveland, diende zich zelfs een impresario aan die het wel wat groter wilde aanpakken. Er was weer brood op de plank en de toekomst leek rooskleurig.

Hardy was aanvaller in de football-ploeg van Lubin. Hier staat hij triomferend in het midden, na een 8–0 overwinning op het team van Kalem, een concurrerende studio in Jacksonville.

IN JACKSONVILLE kwam Hardy snel aan de slag. Niet meteen bij de film, maar toch in de wereld van kunst en vermaak—als liedjeszanger. Dat was niet verwonderlijk, want Norvell had een geschoolde stem en kon bovendien profiteren van een meer dan oppervlakkig contact in de branche. Ze heette Madelyn Solashin, was jaren ouder dan hij en pianiste van professie. Hardy had Madelyn leren kennen in Milledgeville waar ze regelmatig optrad in het Opera House. Het theater—voornamelijk voor vaudeville in gebruik—lag tegenover de bioscoop waar hij werkte. De jonge operateur, die in de pauzes tussen de films het publiek vermaakte met liedjes bij lantaarnplaatjes, verdiende aan de overkant af en toe wat bij als invaller voor een geafficheerde zanger die verstek moest laten gaan. De zangkunst was Norvells liefste muze sinds hij in Atlanta de grote Caruso had gehoord. Hij had lessen genomen en zich gespecialiseerd in romantische liedjes, met 'You Are the Ideal of My Dreams' als favoriete nummer.

Of Madelyn echt het ideaal van zijn dromen was moet achteraf worden betwijfeld. Maar toen hij haar in Jacksonville opnieuw ontmoette was het eerste afspraakje snel gemaakt. Zij bezorgde hem een baantje bij een reizend gezelschap en enkele maanden later trouwde hij haar, zeer tegen de zin van zijn moeder die de oudere Madelyn geen betrouwbare partij vond voor haar zoon. Maar Norvell was nu eenmaal een eigenzinnig kind dat al vroeg had geleerd zijn eigen boontjes te doppen. Zijn vader, die opzichter was geweest bij de aanleg van spoorwegen voordat hij bedrijfsleider werd van een hotel, was overleden toen Norvell elf maanden oud was. Zijn moeder ging een moeilijke tijd tegemoet. Als pensionhoudster probeerde zij het hoofd boven water te houden en haar vijf kinderen groeiden op in grote, misschien *te* grote vrijheid.

Een grotere tegenstelling met de jonge jaren van Stanley Jefferson, aan de andere kant van de Atlantische Oceaan, is nauwelijks denkbaar. Stan kon altijd terugvallen op de hulp van zijn invloedrijke vader. Hij was bezeten door zijn vak om mensen aan het lachen te brengen, maar zijn privéleven werd een bedroevende chaos. De dingen *overkwamen* Stan. Norvell miste een beschermd milieu en leerde al vroeg de omstandigheden naar zijn hand te zetten. Het vak van acteren was voor hem geen ziel en zaligheid en zijn privé-leven, hoewel niet zonder hobbels, hield hij streng onder controle. Norvell was en bleef de baas. De parallel met de filmkarakters van Laurel & Hardy dringt zich op.

Ook voor werk bij de film kwamen Madelyns contacten van pas. De belangrijkste producent in de stad was Lubin Film, een maatschappij met vertakkingen door het hele land, die in Jacksonville een leegstaande loods van een watersportclub had gehuurd. Norvell kon daar beginnen als klusjesman maar kreeg al snel de kans zich ook als acteur te bewijzen. In die dagen was het gebruikelijk dat een decorbouwer werd gevraagd als figurant op te treden, net zoals een acteur geacht werd in te springen bij het opbouwen van de set.

Een kapperszaak in de buurt van de studio was de oorsprong van de bijnaam die Hardy zijn hele leven bij zou blijven. Als de stoppels verwijderd waren klopte de Italiaanse barbier liefdevol talkpoeder in de bolle wangen van zijn klant onder een zacht gemurmeld: 'Nice-a-babe-ee'. Hardy had er geen enkel bezwaar tegen dat zijn collega's op de set hem onmiddellijk als 'Babe' gingen aanspreken.

De eerste film waarin Hardy in 1914 een dragende rol speelde, heette *Outwitting Dad.* De tien minuten durende klucht is helaas verloren gegaan, maar uit een Lubin-advertentie kan worden afgeleid dat O.N. Hardy al vanaf het begin de bullebak moest spelen. De rol van 'heavy' was hem op het lijf geschreven.

Lubin Film was de beste leerschool die Hardy zich kon wensen. Duizenden films verlieten aan de lopende band de diverse vestigingen van de maatschappij.

Sigmund 'Pop' Lubin, die naast de produktie ook de distributie en vertoning in eigen hand hield, was de eerste filmmagnaat van Amerika: de 'Rockefeller of the Movies'. Hij was na zijn emigratie uit Duitsland begonnen als opticien in Philadelphia, vond een nieuwe projector uit en kwam bijna automatisch terecht bij de fabricage van films, die immers voedsel waren voor zijn apparaten. Een conflict met Edison, die zijn eigen uitvindingen met hand en tand en een legertje van advocaten verdedigde, kon niet uitblijven. Lubin koos eieren voor zijn geld en sloot zich aan bij Edisons Patents Company. Het was deze monopolistische club die de stoot gaf tot een uittocht van onafhankelijke filmmakers naar Californië. De 'Independents' waren niet bereid voor licenties te betalen en vluchtten naar de Westkust, naar zij hoopten buiten het bereik van de agenten van de Patents Company. Die zagen er niet tegenop om de camera's van 'wilde' filmproducenten gewapenderhand in beslag te nemen.

Sigmund Lubin, de eerste werkgever van Oliver Hardy

Lubin was een van de machtigste leden van de Patents Company. Voor Babe Hardy, een van de 12.000 werknemers van Lubin, lag een spoedige verhuizing naar Hollywood alleen al om die reden niet voor de hand.

Stan en Charles (midden, staand) met collega's op een toeristisch uitstapje tijdens de Amerikaanse Karno-tournee van 1912

1915
In de schaduw van Chaplin

Nauwelijks twee jaar na zijn aankomst in Hollywood was de populariteit van Chaplin tot onvoorstelbare hoogte gestegen. Chaplin-poppen, speldjes, spelletjes en prentbriefkaarten in de winkels, strips in de kranten, liedjes over Chaplin in de straten en naäpers op het toneel—het leek op *merchandising* zoals we die nu kennen, met één belangrijk verschil: aan Chaplin werden geen royalties afgedragen. Zijn pogingen om de verkoop van bijprodukten onder controle te krijgen, mislukten wegens juridische haken en ogen en de praktische onuitvoerbaarheid van de administratie die ermee gemoeid zou zijn. Hij had het geld ook niet echt nodig. Met de produktiefirma Mutual had de 27-jarige Chaplin een contract afgesloten dat hem een weekinkomen verschafte van $10.000. 'Afgezien van de wereldoorlog is Chaplin het kostbaarste *item* van de eigentijdse geschiedenis,' aldus een publicist in 1915.

Het is tegenwoordig *bon ton* om de artistieke prestaties van Chaplin te kleineren met de simpele constatering dat om zijn films niet te lachen valt. Afgezien van het feit dat generaties van vele miljoenen bioscoopgangers wél dubbel hebben gelegen, zal een aandachtige beschouwing van Chaplins films toch op zijn minst tot bewondering moeten leiden. De bewondering wordt groter als zijn werk naast dat van tijdgenoten wordt gelegd.

Vergelijk *The Floorwalker* uit mei 1916 met *Hungry Hearts*, een film met 'Babe Hardy' die enkele weken later werd uitgebracht. De film van Chaplin, zich afspelend op en om de roltrap van een warenhuis, is een juweel van timing en verfijnde (komische) choreografie. *Hungry Hearts* is een grove, chaotische klucht. Schooljongenswerk tegenover het werk van de meester. Dat twee films van zo verschillende kwaliteit zich beide konden handhaven, kan alleen worden verklaard uit de wet van vraag en aanbod: Chaplin kon niet snel genoeg werken om het hele hongerige bioscoopvolk met zijn produkten te voeden. Er bleef een gat in de markt voor andere makers, ook al konden die niet aan de meester tippen. Dat gold zelfs voor Fatty Arbuckle, die andere ster uit de stal van Mack Sennett, al zou die heel snel heel dichtbij komen. Het gold zeker ook voor Harold Lloyd, die samen met producent Hal Roach nog maar net was doorgebroken met zijn type van 'Lonesome Luke'. Buster Keaton, Harry Langdon, Charley Chase en

Larry Semon moesten hun eerste films nog maken.

Toch was er een reden voor Chaplin om zich over concurrentie zorgen te maken. De kleine zwerver met bolhoed, slobberbroek en wandelstokje verscheen niet alleen op prullen en opsmuk, maar was ook alomtegenwoordig op het filmdoek. De knapste Chaplin-imitator was Billy West. Met een serie van ruim vijftig films in 1917–'18 kwam hij griezelig dicht bij het origineel. Een andere komiek, Billie Ritchie, imiteerde Charlie met het excuus dat hij eerder dan deze op het toneel het personage speelde dat Chaplin beroemd had gemaakt: de dronkaard in de Karno-sketch 'Mumming Birds', in Amerika meestal vertoond onder de titel 'A Night in an English Music-Hall'.

En Stan Jefferson? Als gemankeerde invaller bij Karno—want Chaplin was nooit ziek— beheerste hij diens maniertjes en mimiek als geen ander. Stan kreeg al in 1915 van zijn nieuwe impresario te horen dat 'The Nutty Burglars' meer succes zou hebben als het nummer werd 'gemoderniseerd'. Waarom het trio Hurley, Stan en Wren niet omgedoopt tot The Keystone Trio, naar de Keystone-studio van Mack Sennett waar Chaplin toen nog werkte?

En zo geschiedde. Stan verscheen als Charlie. Het echtpaar Hurley nam de gedaantes aan van twee andere

Stan in zijn Chaplin-imitatie, omstreeks 1915 (Keystone Trio)

Keystone-prominenten: Chester Conklin en Mabel Normand. De impresario had het goed gezien. 'We were a bloody sensation,' verklaarde Laurel tegen biograaf McCabe. Stan was waarschijnlijk de eerste Chaplin-imitator op de planken. Billy West, die ook in vaudeville begon, moet hem zijn gevolgd.

Stans imitatie ging jaren mee. De sketch overleefde zelfs een wisseling van partners: onenigheid met de Hurley's leidde tot hun vervanging door een ander echtpaar. Het nummer sneuvelde pas in 1917, toen Stan zich hals over kop in een stormachtige relatie stortte met Mae Dahlberg, een uit Australië afkomstige variété-artieste. Zij zou in de komende tien jaren een belangrijke, en lang niet altijd gunstige invloed hebben op de grillige loopbaan van haar partner. Mae opperde om te beginnen een nieuwe naam voor Stan, en en passant ook voor zichzelf. Een plaatje in een geschiedenisboek van een Romeinse generaal met een lauwerkrans gaf haar de inspiratie.

'Stan and Mae Laurel' werden een nieuwe attractie op de vaudeville-programma's. Stan verscheen bij voorkeur in travestie naast Mae, die groter was dan hij en zich het meest thuis voelde in het type van de agressieve matrone. Hun komische confrontaties op de planken kregen regelmatig een minder humoristisch vervolg in de kleedkamer. Collega's herinnerden zich dat er altijd woorden waren tussen de twee, al wist niemand waar het precies over ging. George Burns: 'Als de deur van de kleedkamer openging stonden ze elkaar lachend aan te kijken alsof er niets aan de hand was. Maar zodra de deur dicht was werd de strijd hervat. Zij had de stem, hij had het talent.'

Tien jaar lang zouden Stan en Mae het samen uithouden, tot ieders verbazing en tot schade van beiden. Het was typerend voor Stan en in regelrechte tegenstelling tot Hardy's houding tegenover vrouwen, dat hij zich zonder hulp van anderen er niet toe kon brengen de relatie te verbreken. Getrouwd werd er nooit. Mae scheen een echtgenoot te hebben in Australië.

Begin 1917 stonden Stan en Mae Laurel in het Hippodrome Theatre in Los Angeles. Tussen de coulissen volgde de directeur en eigenaar van het theater, Adolph Ramish, met meer dan gewone belangstelling de verrichtingen op het podium. Hij vond Laurel grappiger dan Chaplin en stelde hem voor een film te maken die hij dan wel zou financieren.

Het filmdebuut van Laurel werd *Nuts in May*. Als regisseur werd een zekere Bobby Williamson ingehuurd die in Jacksonville ook met Babe Hardy had gewerkt. De film is spoorloos en zal wel nooit meer terug gevonden worden. Laurel beschreef de inhoud als de belevenissen van een man 'die uit een gekkenhuis ontsnapt in een net pak, maar met een Napoleon-hoed op het hoofd'.

Voor een eerste viewing van *Nuts in May* in het Hippodrome nodigde Ramish onder anderen twee van de machtigste mannen in Hollywood uit:

Twee filmbazen in Hollywood die carrières konden maken en breken. Links Charles S. Chaplin; rechts Carl Laemmle van Universal

Charles Chaplin en Carl Laemmle, het hoofd van Universal Pictures.

We mogen aannemen dat Chaplin de uitnodiging in de eerste plaats aannam uit onbevangen nieuwsgierigheid naar de prestaties van een oud-collega. Hij moet hebben geweten van Laurels eerdere toneelsucces, maar imitaties op film waren zijn eerste zorg. Binnen enkele maanden zou hij gerechtelijke stappen ondernemen om er een eind aan te maken. Laurels eerste filmoptreden zal onvermijdelijk chaplineske trekken hebben vertoond, maar Chaplin wist dat van een regelrechte imitatie van zijn personage geen sprake zou zijn.

Nuts in May maakte indruk. In een onderhoud met Laurel legde Chaplin uit dat hij na zijn Mutual-periode grotere onafhankelijkheid wenste. Hij had plannen voor de oprichting van een tweede eenheid voor de produktie van films, waarin hij zelf niet zou optreden. Laurel zou daar wellicht in passen. Stan toonde zijn niet geringe belangstelling... en hoorde vervolgens niets meer.

Geen van beide partijen heeft zich ooit uitgelaten over de achtergrond van deze mésalliance. Vreesde Chaplin een bedreiging in de toekomst, als Laurel zich als filmkomiek verder zou ontwikkelen? In dat geval was het misschien beter het aankomend talent nu alvast in te lijven in zijn eigen maatschappij.

De getuigenissen van anderen in aanmerking nemend, lijkt dit een aannemelijke theorie. Laurel-biograaf

Advertentie uit een Amerikaans vakblad voor de eerste film van de beoogde serie 'Hickory Hiram' die Stan Laurel in 1918 maakte voor Nestor-Universal. Laurels naam wordt niet genoemd. Voor zover bekend werd na de eerste, naamgevende klucht alleen nog 'It's Great to Be Crazy' gedraaid, al meende Laurel dat er in totaal 'drie of vier' films tot stand kwamen.

Fred Guiles: 'Chaplin heeft nooit bekend gestaan om zijn edelmoedigheid in de omgang met rivalen. Sinds zijn jeugdjaren had hij geleerd elke concurrent neer te sabelen.' Een van Chaplins zoons, Charles Junior: 'Syd en ik waren gek op de films van Laurel & Hardy en paps kon dat nooit goed hebben. "Weet je wat mijn zoons vinden?" zei hij tegen vrienden. "Ze vinden andere mensen leuker dan mij—hun eigen vader." '

Het zal geen toeval zijn dat in dit citaat binnen een citaat geen namen worden genoemd. In Chaplins in 1964 verschenen autobiografie wordt Stan Laurel evenmin genoemd, ondanks de bewogen tijden die de twee Karno-komieken als kamergenoten tijdens de tournees hadden doorgemaakt.

Carl Laemmle wilde Laurel graag. Met een contract voor drie korte films vervoegde Stan zich bij de Nestor filmstudio die in 1912 met Universal was gefuseerd. Sindsdien was het Laemmle, een immigrant uit Duitsland, voor de wind gegaan. Hij was de voornaamste tegenstander van Edisons Patents Company en had met talrijke rechtszaken de macht van dit kartel helpen breken. Zijn vindingrijkheid was groot. Edison claimde de perforatie in de films als zijn uitvinding. Laemmle voerde voor de rechter aan dat al veel eerder geperforeerde rollen toiletpapier in dispensers waren gebruikt, en won zijn zaak.

Ook voor de Laurel-comedies had hij een origineel idee. Op dat moment waren alle komieken van enige naam gehaaide stadsjongens die hun avonturen beleefden in kroegen, logementen en morsige straten met open riooldeksels en voorbijrazende Fords. Laurel zou de eerste uit de klei getrokken komiek worden, een boertige nitwit die van voren niet wist dat hij van achteren leefde. Hickory Hiram werd de naam.

Het idee bleek niet aan te slaan. Geen enkel theater van enige standing wilde Hickory Hiram binnenhalen. Misschien waren de films hun tijd vooruit, misschien waren ze niet goed genoeg. In Laurels eigen woorden: 'Ze werden uitgebracht in de beste openbare toiletten.'

Stans latere producent Joe Rock zag de oorzaak van de mislukking in de aanwezigheid van Mae Laurel in de films. Mae was naar zijn oordeel te fors, te ordinair en als actrice te weinig getalenteerd om als tegenspeelster van Stan voor de romantische noot te zorgen. Hoe het ook zij, Laemmle verloor zijn belangstelling voor Laurel, ook al omdat hij in beslag werd genomen door een nieuwe reorganisatie van zijn imperium.

'Babe' Hardy (met Edna Reynolds) in 'Hungry Hearts', gemaakt in Florida in de zomer van 1916, ongeveer een jaar voor zijn verhuizing naar Hollywood

BEGIN 1917 kon Oliver Hardy niet vermoeden dat hij nog dat zelfde jaar naar Hollywood zou verhuiden. Hij had in Florida een nieuwe werkgever waar hij zich goed op zijn plaats voelde. Zijn werk voor Lubin was als een nachtkaars uitgegaan toen de maatschappij, toch al verzwakt door de concurrentie en de juridische acties van Laemmle en andere onafhankelijken (onder wie Mack Sennett), letterlijk werd opgeblazen. In juni 1914 explodeerde het filmdepot van Lubin in Philadelphia, waarschijnlijk als gevolg van gasvorming in chemisch instabiel filmmateriaal. De negatieven van alle films gingen verloren. De celluloid-explosie vernielde ook enkele aangrenzende huizen en een kind overleed aan de opgelopen verwondingen.

De produktie in Jacksonville was nog een jaar voortgezet maar uiteindelijk voelde Sigmund Lubin zich gedwongen de zaak, of wat er van over was, te verkopen aan VIM Comedies. Dit was een klein bedrijf met eigenlijk maar twee belangrijke spelers: Walter Stull en Bobbie Burns. Zij stonden voor de camera als het duo Pokes & Jabbs. Babe Hardy werd uitverkoren om ondersteunende rollen te spelen en deed dat blijkbaar zo goed dat besloten werd een tweede serie op te zetten met Hardy in een dragende rol als tegenspeler van Billy Ruge, een voormalige trapezewerker. Over wie wie was in deze 'Plump & Runt'-films kan geen misverstand bestaan. Hardy woog bij een lengte van 1 meter 86 gemiddeld 125 kilo, met uitschieters naar beneden en naar boven. Omdat hij in deze periode ook voor andere studio's werkte en soms de romantische held moest spelen werd een al te grote omvang door zijn werkgevers niet altijd op prijs gesteld. Als gevolg van deze veranderende vraag fluctueerde zijn gewicht aanzienlijk.

Hardy had intussen geleerd zijn fysieke proporties voor de camera uit te buiten. Extremiteiten en afwijkende uiterlijkheden—scheel, kaal, lelijk, groot, klein, dik, dun—waren *gefundenes Fressen* voor de makers van deze routineuze kluchten die met een ijzeren regelmaat van één per week werden afgeleverd. In dit hele circus, dit menselijke rariteitenkabinet, was Babe Hardy een welkome aanvulling. Zijn kleine, schrale partner viel naast hem in het niet. Babe domineerde op twee fronten. Passief, doordat zijn gegeven omvang procentueel een grotere beeldvulling opleverde bij handelingen op hetzelfde plan. Actief, door zich waar enigszins mogelijk te manœuvreren naar het eerste plan, dicht bij de camera.

Zijn acteerprestaties worden getekend door die zelfde ambitie om tot elke prijs op te vallen. Hij wringt en schokt met zijn hele enorme lichaam, grauwt en snauwt, slaat de ogen ten hemel en gebaart met de uithalen van een ouderwetse toneelspeler. Voor subtiliteiten was bij deze kluchten ook

Babe Hardy met zijn 'partner' Billy Ruge in 'Love and Duty' (1916)

geen plaats: de acteurs waren immers volkomen ondergeschikt aan de actie. Reactie, typering en motivering werden van hen niet verlangd. Ze fungeerden eerder als een soort wondertollen, mysterieuze vliegwielen die de actie gaande moesten houden zonder dat iemand zich afvroeg waardoor ze dan zelf wel werden aangedreven.

Dit was het soort mechanische slapstick waartegen Chaplin zich bij Keystone met succes te weer had gesteld. Hij had het tempo verlaagd en karakter in het spel gebracht. Maar de verworvenheden van Chaplin waren aan VIM voorbijgegaan.

TOCH is er in *Love and Duty* één verbijsterend moment dat een glimp laat zien van Hardy's verborgen talent. Hij is als gewoon soldaat wegens insubordinatie in de cel gegooid. Door wanhoop en verdriet overmand rukt hij zich de haren uit het hoofd, om dit cliché vloeiend over te laten gaan in een zuiver persoonlijk gebaar: met gestrekte arm en verbaasde aandacht strooit hij enkele denkbeeldige haren op de vloer van het arrestantenlokaal. Deze *flash forward* naar de Ollie uit de latere films met Laurel blijkt ook nog een functie te hebben

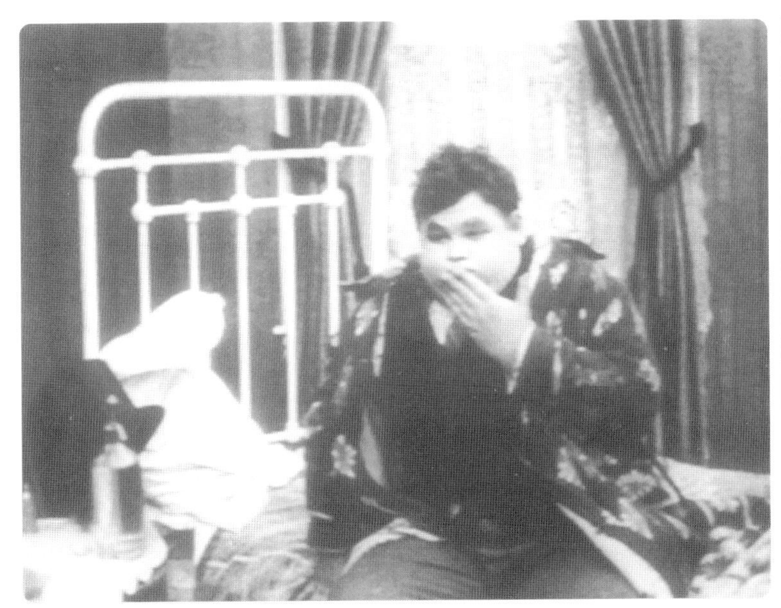

Babe als verwend jongetje in de VIM-comedy 'One Too Many' (1916)

voor het verhaal. Als zijn blik de neerdalende haren volgt, ontdekt Hardy op de vloer van de cel het gereedschap dat zijn bezoek heeft achtergelaten om hem te helpen ontsnappen. Dit onthullend fragment is een vroeg 'bewijs' van de eigen inbreng van Hardy in de klassieke films met Stan Laurel, die sinds jaar en dag als creatief genius achter het duo te boek staat. Blijkbaar komt hem toch niet *alle* eer toe.

In zijn leertijd al maakte Hardy deel uit van duo's (na de Plump & Runt-films volgde nog een serie met Kate Price). Als een voorteken hoeft dit niet te worden gezien. Niet alleen overspeelde Hardy zijn partners door in elk mogelijk shot de show te stelen, hij had ook te maken met pure *tegen*-spelers. In geen van de overgeleverde films met Billy Ruge is sprake van enig rapport tussen de twee. Rivaliteit tekent hun verhouding, als er al van een verhouding kan worden gesproken. In *One Too Many* is Billy Ruge de conciërge van het gebouw waar Hardy een lui leventje leidt met het geld van een rijke oom. Niets in de handeling rechtvaardigt het predikaat 'duo'. In *Love and Duty* en *Hungry Hearts* telt alleen het conflict tussen de twee hoofdrolspelers. Conflict is de motor voor actie— en actie was het doel waarnaar men streefde. We zijn ver verwijderd van het Laurel & Hardy-gevoel...

De jaren in Jacksonville moeten een mooie tijd zijn geweest in het leven van de jonge Hardy. Films werden alleen overdag gedraaid. 's Avonds verdiende hij bij door als *crooner* op te treden in een plaatselijke club die werd gefrequenteerd door collega's uit de wereld van film en theater. Hij noemde zich 'The Ton of Jollity'. Het orkest werd geleid door zijn vrouw Madelyn. Geldzorgen waren er niet.

Maar net als Lubin Film was ook VIM Comedies geen lang leven meer beschoren. Het bedrijf werd ondermijnd door verdachte praktijken op boekhoudkundig niveau. Het was Oliver Hardy die ontdekte dat de acteurs in Jacksonville minder uitbetaald kregen dan waar ze volgens de geheime salarislijsten recht op hadden. Babe was er de man niet naar om dat op zijn beloop te laten. Het juridische gevecht dat binnen de VIM-directie uitbrak leidde regelrecht tot de ondergang van het bedrijf.

Eén van de uitgetreden directieleden ging onmiddellijk over tot de oprichting van een nieuwe produktiemaatschappij, King-Bee. Hardy werd aangezocht om het geijkte schurkachtige type te spelen naast de ster van het gezelschap, Billy West.

West imiteerde 'The Little Tramp'

zo goed dat meer dan eens fragmenten van zijn films in Chaplin-compilaties zijn terechtgekomen. West speelde onder zijn eigen naam, wat bioscoopbazen er niet van weerhield hem als Chaplin te affticheren. Zijn lengte van nauwelijks 1 meter 65, zijn zwarte haar en bruine ogen benaderen dicht de fysiek van zijn beroemde voorbeeld.

Babe Hardy kreeg de opmaak van Chaplins 'heavy', Eric Campbell: zware wenkbrauwen, soms met baard en snor en kringen onder de ogen. Hij werd ingezet op het tweede plan en in dat opzicht betekende zijn arbeid voor King-Bee een terugval. Bij VIM was hij de hoofdrolspeler. Daar stond tegenover dat de films van Billy West driftig werden vertoond. Negatieve publiciteit—'*billy west*' werd in sommige bladen minachtend met kleine letters geschreven—kon daar niets aan veranderen.

Met het oog op zijn zware functie naast West werd Hardy's fluctuerende gewicht een factor die zijn producenten met zorg vervulde. Om zeker te zijn van een dubbelganger die zich ook op de weegschaal met Campbell zou kunnen meten, stelden ze een contract op dat een hogere beloning in het vooruitzicht stelde bij een toenemend aantal ponden. Om precies te zijn: Hardy zou een bonus krijgen van $2 voor elke pond die hij aankwam boven zijn toenmalige gewicht van 265 pond. Een extra bedrag van $250 werd in het vooruitzicht gesteld als hij binnen een half jaar een gewichtstoename van 50 pond kon aantonen.

Hardy met de 'valse' Chaplin, Billy West, in 'The Straight and Narrow' (1918)

King-Bee, dat in Jacksonville met de produktie was begonnen, verhuisde in het voorjaar van 1917 naar New York, tot verdriet van Hardy die een hekel had aan de stad. Amerika had zich net in de wereldoorlog gestort. In een vlaag van patriottisme besloot Hardy zich als vrijwilliger aan te melden voor het leger. Tot zijn ontzetting werd hij door de recruteringsofficier en een haastig erbij geroepen sergeant uitgelachen en bestookt met grappen over zijn omvang.

Terug naar de film leek hem de enige reële mogelijkheid. Hoewel hij zijn hele leven gevoelig bleef voor grappen over zijn uiterlijk, besefte hij wel degelijk dat zijn zware lijf een kapitaalgoed was. Daar kwam bij dat King-Bee intussen verder was verhuisd naar Hollywood, inmiddels uitgegroeid tot de belangrijkste filmkolonie van het land. New York hoefde dus niet meer. Oliver en Madelyn Hardy verhuisden in november 1917 naar Californië.

'Heavy' Hardy fungeerde bij Billy West als de 'valse' Eric Campbell

In het hol van de leeuw hield Billy West zijn imitatie nog een hele winter vol. In het voorjaar van 1918, toen Chaplin volledige onafhankelijkheid had verworven en tot nieuwe artistieke hoogten was gestegen met *A Dog's Life*, werd de serie beëindigd.

Hardy zat voor het eerst zonder werk en kwam moeilijk weer aan de slag. Volgens biograaf Leo Brooks bleven de studio's afstandelijk omdat de vele vrienden van Madelyn in de filmkolonie verstoord waren over de manier waarop zij kort na haar aankomst in Hollywood aan de kant was gezet. Hardy's belangstelling voor Madelyn zou destijds vooral zijn gewekt door haar contacten in Jacksonville. Brooks: 'Haar schoonheid verlepte en ze had aan haar doel beantwoord. Dus dumpte hij haar. Dat mag hard klinken—het is de waarheid.'

In zijn biografie *Babe* oordeelt John McCabe milder. Hij plaatst de verwijdering tussen Babe en Madelyn op een later tijdstip, in de periode dat Hardy weer vast werk had bij Vitagraph: 'Hollywood—en Vitagraph in het bijzonder—liep over van de leuke meisjes en de mooie meisjes. Babe was niet van ijzer.'

Het zou bijna een jaar duren voordat Hardy zijn draai vond bij Vitagraph. In de tussentijd werkte hij af en toe voor kleinere studio's, waaronder Lehrman-Knock Out (L-KO). Henry Lehrman had bij Mack Sennett verscheidene films van Chaplin geregisseerd, wat hem op een langdurige vijandschap kwam te staan. Charlie vond dat Lehrman de films ruïneerde door scènes in te korten of te doorsnijden met scènes van anderen, met het doel het tempo van de handeling op te voeren. Lehrman was nu zijn eigen studio begonnen met een eigen Chaplin: de eerder genoemde Billie Ritchie. Ongelukkigerwijs werden de opnamen door het ene ongeluk na het andere opgeschrikt. Eenmaal raakte Ritchie zwaar gewond door de beet van een struisvogel. De kluchten van Lehrman werden in Hollywood geridiculiseerd: dit was het absolute nulniveau. Daardoor getergd liet de eigenaar van de studio zich ooit verleiden tot de historische woorden: 'De films van L-KO zijn niet om te lachen.'

Hardy zal zich zonder morren in zijn situatie hebben geschikt. Werk ging hem boven alles, niets was hem te min. Enkele maanden eerder had ook Stan Laurel een toevlucht gezocht bij Lehrman, na zijn mislukte Hickory Hiram-avontuur.

De wegen van twee berooide komieken begonnen elkaar te naderen.

Laurel & Hardy bij hun eerste kennismaking in 'The Lucky Dog'

1920
Een toevallige ontmoeting

MET Mae aan zijn zijde zocht Stan opnieuw zijn heil op de planken. Twee jaar lang reisde hij kris-kras door Amerika en Canada, van voorjaar 1918 tot herfst 1920. Hoezeer hij ook gesteld was op direct contact met het publiek, dit was een vermoeiend bestaan. Film betekende vrije avonden en bovenal: een vaste stek—thuis, dicht bij de studio—in plaats van deprimerende hotelkamers en gruwelijke treinreizen.

Toen een producent van naam, Gilbert 'Bronco Billy' Anderson, hem met plannen voor een serie comedies benaderde, greep Laurel die nieuwe kans met beide handen aan. Zijn laatste filmervaring, in de zomer van 1918, was een korte serie eenakters geweest voor producent Hal Roach die met spoed een invaller zocht. In minder dan een maand had hij de vijf films gemaakt en hij was alweer vergeten waar ze over gingen.

Anderson was niet alleen de eerste cowboy-filmster, met ruim honderd Bronco Billy's op zijn naam, hij was ook de man geweest die de Chaplins bij Essanay had geproduceerd. Hij was de A van 'S & A', zijn partner was George K. Spoor. Na het vertrek van Chaplin had Anderson zijn vele vergaarde geld grotendeels weer verloren met produkties op Broadway. Hij wilde een come-back maken in Hollywood en was bereid een paar centen in te zetten op Stan, die hij gezien had op het toneel.

De regisseur met wie Anderson in zee wilde gaan was Jesse Robbins, in die tijd werkzaam bij Vitagraph. Robbins stelde voor naast Stan een van de beste 'heavies' in te zetten die hij kende. Oliver Hardy was bij Vitagraph opvallend in de weer als de kwaaie pier in de films van Jimmy Aubrey, net als Stan een vroegere Karno-komiek.

The Lucky Dog werd de eerste film waarin Laurel & Hardy samen voor de camera stonden. Hardy is een straatrover die Laurel geld afhandig maakt. Later duikt hij opnieuw dreigend op in het huis van Laurels vriendin, in de vermomming van een Zwitserse graaf. Laurel speelt een gisse en tegelijk stuntelende, aan lager wal geraakte *city slicker*. Hij is die dag op straat gezet door zijn hospita en krijgt een straathondje achter zich aan. Het hondje zorgt ervoor dat Hardy de kous op de kop krijgt.

Het was zuiver toeval dat de twee komediespelers elkaar in deze onafhankelijke produktie troffen. Geen

Voor het eerst samen in beeld. 'Allebei je handen omhoog, insekt,' zegt Hardy blijkens een tussentitel, 'of ik kam je haar met lood.' 'The Lucky Dog' werd eind 1920 of begin 1921 gedraaid.

van beiden kan hebben beseft dat met hun eerste scènes samen filmhistorie werd geschreven. Terugblikkend naar die tijd zei Laurel: 'De scènes die we samen hadden werden heel snel gedraaid en we hadden absoluut geen idee dat wij elkaar misschien nog eens terug zouden zien, laat staan dat we partners zouden worden. Ik geloofde in die tijd niet dat er voor mij veel toekomst lag in de film.'

Zodra *The Lucky Dog* voltooid was, ging Stan weer met Mae op tournee. Het duurde langer dan een jaar voordat hij opnieuw iets van Anderson hoorde. Het was de producent eindelijk gelukt op grond van de *pilot* financiering te krijgen voor zes tweeakters die zouden worden gedistribueerd door Metro. De serie werd gemaakt in 1922. Van de films die bewaard zijn gebleven is *Mud and Sand* de bekendste. Het is een parodie op de stierenvechtersfilm *Blood and Sand* met in de hoofdrol de bij zijn leven al legendarische ladykiller Rudolph Valentino. Laurel krijgt als Rhubarb Vaseline voor het eerst (?) een samenhangend karakter te spelen, zonder de grillige, ongemotiveerde uitschieters naar willekeurige komische acties die zijn films uit de jaren twintig maar al te vaak tot een warrige kijkervaring maakten.

Ook Mae Dahlberg speelt in deze film, als een Spaanse danseres die meer succes heeft dan de stier als het erom gaat Vaseline uit te schakelen. De relatie tussen Stan en Mae ging in deze periode snel bergafwaarts. Mae vond dat zij als partner in het variété ook recht had op deelneming in de films. Zij zette Stan onder druk om ook voor haar een rol te bedingen. De ruzies tussen de twee werden heviger en frequenter. Stan, die altijd al een grage drinker was geweest, greep steeds vaker naar de fles.

Een jaar na zijn scheiding van Madelyn, in november 1920, trouwde Hardy opnieuw, nu met een aankomend sterretje van Vitagraph, Myrtle Reeves. Een gelukkig huwelijk werd het evenmin. Babe was geen aanhanger van de monogamie; Myrtle kreeg een ernstig alcoholprobleem.

Gelukkiger was Hardy in zijn werk voor Vitagraph. De belangrijkste komiek van deze produktiefste van alle vroege Hollywood-studio's was Larry Semon. Hij kreeg de grootste budgetten, zijn naam werd in één adem genoemd met die van Chaplin, Keaton en Harold Lloyd. Voor Hardy was het een promotie van belang toen hij in juli 1921 naast Semon werd ingezet om, alweer, de boze wolf te spelen. De ruim twintig films die hij met de mindere god Jimmy Aubrey had gemaakt, hadden hem in vakkringen de naam gegeven van de beste 'heavy' in de *business*. Nu plukte hij de vruchten van zijn reputatie. De films van Semon werden over de hele wereld vertoond. Hij heette Zigoto in Frankrijk, Ridolini in Italië en Romas in Spanje. Door zijn werk met Semon verspreidde ook de roem van Hardy zich naar Europa. Het Engelse weekblad *Film Fun* vereerde hem met een aparte strip, 'The Artful Antics of Babe Hardy'. Het is geen toeval dat juist uit deze periode zoveel films bewaard zijn gebleven. Het aantal kopieën dat over de aardbol werd verdeeld moet in de vele duizenden hebben gelopen.

Privé raakte Hardy goed bevriend met Semon, die een verwoed golfspeler was. Een van de films die hij met Babe maakte, toepasselijk *Golf* geheten, speelde zich voor het grootste deel op de golflinks af. Hardy werd meegesleept door Semons enthousiasme voor de sport en ontwikkelde zich in korte tijd tot een van de beste spelers in Hollywood, ruim in staat om zijn leermeester te verslaan.

Babe's ambities op het gebied van zijn vak waren minstens even groot. Hij stond bekend als een 'scene stealer' en probeerde op de set altijd zo dicht mogelijk bij Semon te blijven om te voorkomen dat hij uit de film zou worden gesneden. Intussen improviseerde hij kleine grapjes in mimiek of gebaar die Semon pas ontdekte in de projectiezaal bij het bekijken van de *rushes* (de ongemonteerde opnamen van de vorige dag), of in de montagekamer: in beide gevallen te laat. Met zijn aanmerkelijke ego was Semon niet van dit soort praktijken gediend: er kon maar één komiek zijn. Toch zag hij veel door de vingers omdat een 'heavy', louter door zijn ondergeschikte functie in de handeling, nooit een echte concurrent kon zijn. Wijselijk probeerde Hardy ook nooit de boventoon te voeren; hij werkte in de marge. En tenslotte, elke lach in de zaal was er één.

Semons vertrouwen in Hardy ging zover dat hij ertoe overging hem in te schakelen als assistent-regisseur en bedenker van de flinterdunne verhaaltjes die het overvloedige aanbod van *gags* in één mandje moesten houden.

LARRY SEMON zag Stan Laurel wel als een gevaarlijke rivaal. Enkele jaren voor zijn verbintenis met Hardy had hij ook met Laurel gewerkt. Langer dan drie films had hij het niet met hem uitgehouden.

Dat enige achterdocht op zijn plaats was, blijkt uit *Frauds and Frenzies,* die in de laatste maanden van 1918 werd uitgebracht. Larry en Stan zijn bevriende dwangarbeiders in een steengroeve. Samen dagen ze de bewakers uit in een hilarisch samenspel van grappen en dansjes, dat uitblinkt door perfecte timing en harmonie. Maar

Larry Semon

IN HET BEGIN VAN DE JAREN twintig was Larry Semon, geboren in 1889, een van de populairste komieken van de stomme film. Hij blonk uit in pure slapstick, akrobatische toeren en spectaculaire achtervolgingen. Semon maakte meer dan honderd korte films voor Vitagraph, tot hij in 1923 wegens de exorbitante kosten die hij in rekening bracht, te horen kreeg dat hij beter zijn eigen producent kon worden. Hij vormde een eigen maatschappij, Chadwick, en begon hoofdfilms te produceren die aan de kassa jammerlijk mislukten. Met zijn zwaar opgemaakte maar weinig expressieve witte clownsgezicht, was Semon zo in beslag genomen door zijn obsessie voor mechanische 'gags' dat hij karakterisering en verhaalstructuur verwaarloosde. Was dit bij de korte films al een gemis, het nekte de langere.

In 1928 ging hij failliet. Hij stierf nog in hetzelfde jaar.

Hardy met make-up in 'The Bellhop', een film met Larry Semon uit 1921

het is Laurel die de show steelt. Zijn motoriek en mimiek zijn stijlvol en beheerst en in elk opzicht boeiender en grappiger dan de bijna slordige capriolen van Semon.

Het is waarschijnlijk deze film die Laurel bedoelde toen hij jaren later herinneringen aan zijn conflicten met Semon ophaalde. Een bezoeker die aanwezig was bij het bekijken van de rushes, barstte in lachen uit bij een van de grappen die Laurel uithaalde en zei: 'Die vent is leuker dan Semon.'

De volgende dag werd Stan uit de film geschreven en Semon deed de rest alleen. Volgens Laurel ging de film over twee ontsnapte gevangenisboeven. Hij herinnerde zich dat hij werd vastgebonden aan een boom om hem van verdere actie uit te sluiten. In *Frauds and Frenzies* echter wordt Laurel bij vergissing geboeid (aan de gevangenisdirecteur!), voordat Semon alleen verder gaat met de *chase*.

BUDGETOVERSCHRIJDINGEN maakten een einde aan het rijk van Semon (zie kader pagina 25). Ruim een jaar zat hij praktisch zonder werk, met uitzondering van een korte periode als assistent-regisseur bij de western *Quicksand*, een produktie van Howard Hawks.

Pas in 1924 keerde het getij, toen Babe een rol kreeg in een andere western, *The King of Wild Horses*, geproduceerd door Hal Roach, die ook het scenario had geschreven. Het werd de

Hardy naturel in 1926, als de taxichauffeur in 'A Bankrupt Honeymoon'

eerste van een serie films met Rex, het Wonderpaard. Natuurlijk werd Hardy als schurk ingehuurd. Hij kreeg een zwarte lap voor zijn linkeroog en een vervaarlijk litteken over zijn wang. Dit werd een zuiver dramatische rol, grappen werden van Babe niet gevraagd. Maar zijn gewicht zou hem parten spelen. Bij een opname van Hardy te paard zonken ruiter en rijdier weg in een moeras, tot hilariteit van de crew.

Dit incident maakte Roach bewust van de komische potentie van zijn nieuwe acteur, zo wil het verhaal. In elk geval werd Babe vanaf dit moment regelmatig, zij het met tussenpozen, voor comedies van Roach gevraagd. Hij kreeg kansen bij vrijwel alle grote en kleine komieken die deze studio bevolkten, zoals Clyde Cook (*Wandering Papas, Should Sailors Marry?*), Glenn Tryon (*Along Came Auntie*) en Charley Chase (*Long Fliv the King*). Hardy groeide bij Roach uit tot een komisch acteur die tot grote dingen in staat was. Het zou alleen nog even duren voordat hij zich, naast Stan Laurel, volledig kon ontplooien.

Zijn schurkenrol in *The King of Wild Horses* bezorgde Hardy ook bij andere maatschappijen werk. Fox Film engageerde hem voor een cowboyfilm met Buck Jones, *The Gentle Cyclone*, en maakte van de gelegenheid gebruik ook een comedy met Babe te draaien. Het werd *A Bankrupt Honeymoon*, waarin Hardy chauffeur is van achtereenvolgens een taxi en een dubbeldeksbus. Het is een merkwaardig ingehouden rol, naturel gespeeld, maar toch al met kenmerken van de Ollie die nog komen moest.

Larry Semon, die intussen zijn eigen producent was geworden, viel in 1925 op Hardy terug voor enkele langere films, waaronder *The Wizard of Oz*. Ook Billy West meldde zich weer, nu als producent met een eigen maatschappij, Cumberland. Hij combineerde Hardy met Bobby Ray, een kleine rustige komiek. In een van de films, *Stick Around*, over twee behangers die een klus moeten klaren in een sanatorium, is Babe de druk commanderende baas en Bobby de man die de klappen krijgt. Ondanks deze hiërarchie en dankzij de tegenslagen die ze ondervinden, ontstaat een zekere band tussen de twee. In de enige andere film met Ray, *Hop the Bellhop*, overheerst de vijandschap, maar *Stick Around* wijst in de richting van een duo door dik en dun. Oliver Hardy beschouwde de film als, in zijn eigen woorden, 'het begin van het Laurel & Hardy-gevoel.'

'Near Dublin' (1924). Stans eerste contract werd niet verlengd omdat zijn blauwe ogen slecht overkwamen op film.

1926
Thuis bij Roach

HAL ROACH bracht Laurel & Hardy eindelijk samen. Wie in zijn organisatie het eerst op het idee is gekomen blijft onderwerp van discussie. Maar als chef was Roach verantwoordelijk voor de keuzes die in zijn naam werden gemaakt.

Roach was vrachtwagenchauffeur geweest in Seattle, hij had op de goudvelden van Alaska gewerkt en bij een aannemer in Californië. Aangetrokken door een kranteadvertentie waarin figuranten voor een cowboy-film werden gevraagd tegen een dagloon van $1, meldde hij zich op zijn negentiende jaar bij de Bison-studio, die later zou opgaan in Universal. Hij promoveerde tot acteur in westerns, werd regisseur bij Essanay, produceerde met geld van een erfenis zijn eerste films en was op zijn 26ste jaar eigenaar van een eigen studio aan Washington Boulevard in Culver City, een kleine zelfstandige gemeente binnen Los Angeles, grenzend aan Hollywood. Zijn eerste maatschappij heette Rolin, zijn voornaamste ster was Harold Lloyd, eveneens een oud-figurant die hij kende uit zijn dagen bij Universal.

Strevend naar diversiteit was Roach voortdurend op zoek naar nieuw talent. Een van zijn ontdekkingen was Armando Novello, als Toto de Clown bekend van circus en vaudeville. Toto was nieuwsgierig naar de mogelijkheden van het nieuwe medium. In nauwelijks een jaar tijd maakte hij veertien korte films bij Roach, tot hij last kreeg van zijn ogen en terugverlangde naar de piste. Roach had een distributiecontract voor nog eens vijf films. Op advies van een van zijn regisseurs stuurde hij een telegram naar de hem onbekende Stan Laurel, per adres een theater in Santa Barbara.

Het was juni 1918. Stan voltooide de vijf eenakters binnen een maand, op twee na onder regie van Roach zelf. Roach was onder de indruk. 'Hij besefte,' schrijft John McCabe in zijn eerder geciteerde biografie, 'dat de jonge Engelsman met de zachte stem en keurige manieren een geboren komediant was. Zijn mime was briljant, maar wat even belangrijk was, zijn hele wezen was ingesteld op comedy. Hij kon briljant improviseren en leefde en dacht in termen van komische situaties.'

Een van de vijf films, geregisseerd door Roach, is bewaard gebleven. *Just Rambling Along* is daarmee het vroegste document dat we van Laurels acteren kennen. De film speelt in een eethuis dicht bij het strand waar Stan

'Just Rambling Along' (1918)

met een stuiver op zak de kok voor de gek houdt door alles te proeven en zijn zakken met etenswaar vol te stouwen. Met zijn witte gezicht en zwart omrande ogen, afgemeten gebaren en driftige passen, is hij het type van de brutale clown: snel, impulsief, gehaaid, maar tegelijk een oenige angsthaas. In zijn latere films, tot aan de ommezwaai aan de zijde van Hardy, zou er weinig ten goede veranderen aan dit in wezen richtingloze personage, hoe knap het ook gestalte is gegeven. Een grotere tegenstelling met de passieve, gedachteloze en kinderlijke Stan uit de periode met Ollie is nauwelijks denkbaar.

Hal Roach mag dan onder de indruk zijn geweest, hij liet Laurel gaan zodra de contractverplichtingen waren nagekomen. Vijf jaar zouden voorbijgaan voor hij een nieuw contract kreeg aangeboden, dankzij de kracht van zijn werk voor Gilbert Anderson. In 1923 maakte Laurel zijn eerste film in de nieuwe studio in Culver City. *The Noon Whistle* werd ook zijn eerste film met James Finlayson, de Schotse komiek die Laurel & Hardy tot het eind van hun carrière bij Roach trouw zou blijven (zie kader op pagina 32).

Laurel speelde de hoofdrol in meer dan 25 een- en twee-akters. Het werd een gemengd assortiment, met Stan nu weer uitbundig en baldadig (*Oranges and Lemons*), dan weer bij vlagen stoïcijns (*Save the Ship*) of heldhaftig (*The Soilers*). Sommige films waren pure slapstick (*Collars and Cuffs, The Noon Whistle, Smithy*), andere hadden juist een krachtige verhaallijn (*Mother's Joy, Frozen Hearts*). Aan de kassa waren de films redelijk succesvol; desondanks besloot Roach het contract met Laurel in 1924 niet te verlengen.

In een eerder stadium had de producent zijn twijfels over de geschiktheid van Stan onderbouwd met de stelling, dat diens blauwe ogen zich niet goed lieten fotograferen. Op het orthochromatische filmmateriaal gaf het blauw onvoldoende zwarting, waardoor de indruk ontstond van 'blinde ogen'. In plaats van te lachen om Stan, kreeg het publiek medelijden met hem. Laurel beschouwde deze redenering als 'een vriendelijk excuus', dat bovendien zijn geldigheid verloor met de uitvinding van panchromatische film. Dit keer werd geen enkel excuus aangeboden, maar Stan kon vermoeden dat er verband was met zijn huiselijke omstandigheden. Roach hechtte veel waarde aan een rechtschapen levenswandel. Stan en Mae waren niet getrouwd, en dat kon negatieve publiciteit opleveren.

Laurels onzekerheid over de vorm van zijn komisch personage viel samen met toenemende spanningen in zijn verhouding met Mae. Sporadisch deed ze nog mee in zijn films (*Near Dublin, Frozen Hearts, Mother's Joy*), maar de ruzies werden heviger en Stan pakte steeds vaker zijn koffertje

Joe Rock

om een hotel op te zoeken. Toen het geld opraakte en de huishuur niet meer kon worden betaald, trokken Stan en Mae in bij zijn beste vriend, de regisseur Percy Pembroke en diens vrouw. Laurel droeg verstelde kleren en in zijn schoenen zaten kartonnetjes tegen de gaten in zijn zolen. Pembroke bemiddelde voor Stan bij producent Joe Rock. Waren er geen mogelijkheden voor een serie comedies met Stan?

Rock kwam met een voorstel voor twaalf korte films, op voorwaarde dat Mae zich niet liet zien, niet in de films en ook niet op de set. De serie ging goed van start met *Detained, Mandarin Mix-Up, Monsieur Don't Care* en *West of Hot Dog,* met een grillige, energieke, soms kinderlijke Stan. De films zagen er duurder uit dan ze in

Hal E. Roach

werkelijkheid waren. Rock had toestemming gekregen gebruik te maken van de buitendecors op het studioterrein van Universal. Daarmee wist hij de *production value* van deze 'Stan Laurel Comedies' te verhogen.

Joe Rock was een oude rot in het vak die bij Vitagraph begonnen was als de helft van het komisch duo Montgomery & Rock.Uit die tijd kende hij zowel Laurel als Hardy en hij was goed op de hoogte van hun werk voor Larry Semon. Zijn voorstel om Hardy voor sommige van de films in te huren als 'heavy' werd door Laurel beslist afgewezen. Zijn eigen verontwaardiging over de houding van Semon vergetend, maakte hij bezwaar tegen de trucs van Hardy om de lachers op zijn hand te krijgen. Een komische heavy was volgens Laurel geen echte heavy meer.

Halverwege de serie kwam Mae alsnog tot de conclusie dat ze in de films mee wilde doen. De pressie die ze uitoefende bedreigde de werkverhouding tussen Stan en zijn producent, die ten slotte tot een krasse maatregel besloot. Hij wist dat Mae graag terug zou willen naar haar geboorteland Australië en bood aan, haar bootreis te betalenen zelfs haar sieraden terug te halen uit de lommerd. Mae hapte toe. Rock gaf de sieraden aan de purser van het lijnschip met de bepaling dat ze aan Mae mochten worden overhandigd als het schip voldoende buitengaats was. Om zijnwerk af te maken, introduceerde hij Stan bij een vriendin van zijn vrouw, het filmsterretje Lois Neilson. Laurel trouwde haar een jaar later.

De serie werd in rust en harmonie afgemaakt. De films kregen goede recensies en vielen goed bij het publiek.

HET WAS nu weer de beurt aan Roach. Hij bood Stan een lucratief contract. De overstap veroorzaakte strubbelingen met Rock, die een optie had voor meer films met Laurel en vreesde dat diens films voor Roach de Stan Laurel Comedies die *hij* had geproduceerd in de weg zouden zitten. Laurel vond echter dat zijn toekomst lag in *scripting* en regie. Rock hoefde niet bang te zijn: het acteren was verleden tijd.

De Hal Roach Studios werden een

'A Man About Town' (1923), met James Finlayson en Katherine Grant.

thuis voor Laurel voor de komende veertien jaar. Dat gold in mindere mate ook voor Hardy, die vanaf 1926 een vast contract had, maar af en toe nog voor andere studio's werkte, waaronder Mack Sennett. Hardy was ook niet zo met hart en ziel betrokken bij de produktie als Laurel, die zonodig tot diep in de nacht doorwerkte aan de eindmontage. Hardy ging tijdig naar huis om zich te wijden aan het edele golfspel of de kookkunst.

Op 24 juli 1926 brandde Oliver in de keuken zijn arm aan gloeiend heet braadvet. Hij liet de studio weten dat hij niet kon komen voor zijn rol in *Get 'Em Young*, een film die door Laurel zou worden geregisseerd. Laurel wist geen andere oplossing dan in te vallen voor Hardy. Zijn optreden als butler met drankneus die door moet gaan voor het bruidje van zijn meester, was voor Roach aanleiding zijn nieuwe regisseur over te halen, het weer te proberen *voor* de camera.

Het kon niet uitblijven: Laurel & Hardy kwamen elkaar steeds vaker tegen in de films. Het idee voor een duo begon te rijpen. Nog geen jaar na hun eerste samenspel in *Duck Soup* (september 1926) hadden Laurel & Hardy hun vorm gevonden. Stan werd de onnozele onverstand, Ollie zijn bazige, kinderlijke vriend.

HET IS GOED MOGELIJK dat Stan Laurel uit onzekerheid over de vorm die zijn personage zou moeten aannemen, in een flits tot het heldere inzicht kwam, dat er maar één oplossing was voor zijn filmkarakter: *geen* karakter. Hij 'leefde en dacht in termen van komische situaties'. Het is bekend dat Stan, net als die andere ideeënman Larry Semon, consequent aantekening hield van de invallen die hij kreeg. In een schoolschrift noteerde hij alles wat hem ooit van pas zou kunnen komen, regel na regel in telegramstijl en kriebelig handschrift, elke gevulde pagina voorzien van een stempel met zijn naam. Die obsessie, vermomd als boekhouding, maakte hem onmisbaar als *gag man*. Het maakte hem ook tot de feitelijke regisseur van de film—de nominale regisseur was meer een opnameleider.

Met zoveel aan zijn hoofd tijdens de opnamen, kwam de clowneske mimiek van Stan, een erfenis van de music-hall, hem uitstekend van pas. Neem die strakke blanko blik die de suggestie oproept van een volmaakt lege hersenpan. In werkelijkheid was het de beschermende camouflage van *'a mind that was always clicking'*, zoals zijn liefste tegenspeelster Anita Garvin het uitdrukte. Deze en andere brede standaard-expressies trok hij als een masker over zijn gezicht; hij hoefde niet eens zijn gevoel aan te spreken om te kunnen acteren.

Het 'lege karakter' gaf hem de mo-

James Finlayson

GEEN ENKELE BIJROLSPELER heeft zich zo'n vaste en gewaardeerde plaats naast Laurel & Hardy kunnen verwerven als James Finlayson, de komiek van de vleesgeworden razernij. Hij verschijnt in niet minder dan 33 films met Laurel & Hardy en was bovendien regelmatig de tegenspeler van Laurel in de periode die aan de vorming van het duo voorafging, te beginnen met *The Noon Whistle* uit 1923, het jaar waarin hij bij Hal Roach in dienst kwam.

James Finlayson werd in 1887 geboren in Falkirk, Schotland. Hij werd acteur en belandde in 1912 met een Brits toneelgezelschap in Amerika. Hij werkte o.a. voor Mack Sennett voor hij door Roach werd geëngageerd. 'Fin' overleed in oktober 1953 in Hollywood.

gelijkheid, afstand te doen van de actieve nerveuze stijl die andere komieken aannamen. *Moesten* aannemen, omdat ze als enig middelpunt van de film alle actie moesten genereren. In zeldzame momenten veroorzaakte Laurels filmpersonage ook actie, als zijn holle hersenpan als door een bliksemstraal bij heldere hemel werd getroffen door een idee. De ongerijmdheid daarvan beantwoordde aan zijn gevoel voor absurde humor. Maar de echte initiatieven werden genomen door Ollie, die zich verantwoordelijk voelde voor zijn domme Stan. Ollie onderhield als een wat 'normaler' personage de broodnodige contacten met de buitenwereld.

Hardy was meer acteur dan komiek. Hij oefende zijn vak uit met inzet van zijn hele wezen. Voor bijgedachten was geen plaats. Zijn expressies waren niet breed en stereotiep, maar klein en subtiel. De speelstijl van een acteur die niet op de planken maar voor de allesziende camera zijn vak heeft geleerd. 'Als een wisseling van stemming nodig is,' zei hij eens, 'moet je je in de situatie indenken. Als je dat doet, hoef je niet te doen alsof. Dan ligt het in je ogen.' De onmiddellijke herkenbaarheid van zijn expressies maakte Ollie tot een menselijker, beter invoelbaar personage dan het abstracte type van Stan, dat 'niet van deze wereld' is. Het maakte hem geloofwaardig als schakel naar de rationele, maar o zo ingewikkelde wereld van de 'gewone' mensen.

Zo kwamen Laurel & Hardy tot een efficiënte werkverdeling, die tevens bijdroeg tot de onderlinge tegenstellingen die zij voor de camera wilden oproepen, en tot het relationele vuurwerk dat tussen de twee polen moest spetteren en vonken. Tegenstelling op het fysieke vlak, tussen de dikke en de dunne, maar ook het psychische contrast tussen extravert en introvert, tussen naar buiten en naar binnen gericht.

Alsof dat niet voldoende is, hebben Laurel & Hardy nog een derde, meer filosofische dimensie. Ollie voelt zich superieur omdat hij meent de wereld aan te kunnen, ondanks zijn onafscheidelijke vriend die een blok aan het been is. Soms zit het tegen, maar alle wegen liggen voor hem open. Oliemagnaat, kandidaat-burgemeester, hersenchirurg... waarom niet? Zijn wereld ziet er prachtig uit. Maar als Ollie naar binnen kijkt, ziet hij Stan. Leegte, onvermogen, op z'n best een sluimerend embryo. Is dat om te lachen? Ja.

Laurel & Hardy zijn één, binnen- en buitenkant. 'Zij begrepen iets van het menselijk tekort,' zei hun vroegere cameraman George Stevens. Het komt dicht bij het motto dat Stan Laurel aan het eind van zijn leven meegaf aan zijn fanclub: *Two minds without a single thought*—twee zielen, geen gedachte. Of, in de trotse vertaling die in de geest van Stan werd gemaakt: DUAE TABULAE RASAE IN QUIBUS NIHIL SCRIPTUM EST.

'Wild Papa' (1925) is een van de tientallen films met Oliver Hardy die nog worden vermist.

Alle films

In deze filmografieën van Stan Laurel en Oliver Hardy zijn alleen de films die in Nederland op video zijn uitgebracht, zo uitvoerig mogelijk opgenomen. Daarbij moet worden bedacht dat van deze vroege produkties slechts summiere gegevens beschikbaar zijn.

De vermelde datum is vrijwel altijd die van de copyright-registratie; de premièredatum lag daar meestal niet ver vandaan. Van solofilms die niet op video zijn uitgebracht, worden alleen titel en jaartal vermeld.

De meeste films zijn niet langer dan een of twee akten (ongeveer 10 of 20 minuten). Alleen bij een speelduur langer dan een half uur is het aantal akten vermeld.

Terwille van het overzicht zijn ook de duofilms kort opgenomen, evenals de films waarin Hardy zonder Laurel is opgetreden na hun laatste film samen. Voor de uitvoerige gegevens wordt verwezen naar de uitgave 'Laurel en Hardy voor Beginners en Gevorderden', eveneens verschenen bij Movies Select Books.

Volledig en foutloos zijn deze filmografieën zeker niet. Nog steeds worden nieuwe ontdekkingen gedaan, waardoor bijvoorbeeld *Now I'll Tell One* van de lijst solofilms moest worden afgevoerd, omdat is vastgesteld dat *beide* komieken erin optreden. Aan de andere kant is *The Rent Collector* aan de filmografie van Hardy toegevoegd omdat er reden is voor twijfel aan de juistheid van de stelling dat ook Laurel erin voorkomt.

De verwarring ontstaat doordat veel van de films spoorloos zijn. Voor de samenstelling van de filmografieën moest voor een deel worden vertrouwd op oude catalogi en vermeldingen in vakbladen. Dat er toch zoveel kon worden achterhaald is te danken aan het speurwerk van o.a. R.E. Braff, Richard W. Bann, Randy Skretvedt, Bo Berglund, David Wyatt, Bob Spiller en Leo Brooks.

Oliver Hardy (1892–1957)

1914–'15: LUBIN FILM

HARDY debuteerde in Jacksonville, Florida bij de maatschappij van Sigmund Lubin, een van de pioniers van de Amerikaanse filmindustrie. De eerste rol van de 21-jarige Hardy was in *Outwitting Dad*, een film die wordt vermist, evenals bijna alle andere Lubin-kluchten.

1914 *Outwitting Dad, They Looked Alike, She Wanted a Car, A Brewery Town Romance, A Female Cop, Long May It Wave, The Kidnapped Bride, The Rise of the Johnsons, He Wanted Work, They Bought a Boat, Making Auntie Welcome, Back to the Farm, A Fool There Was, The Green Alarm, Never Too Old, Pins Are Lucky, When the Ham Turned, The Soubrette and the Simp, The Smuggler's Daughter, Kidnapping the Kid, The Honor of the Force, The Daddy of Them All, She Was the Other, The Servant Girl's Legacy, Dobs at the Shore, The Fresh Air Cure*

1915 *A Lucky Strike, That He Forgot, Spaghetti and Lottery, Cupid's Target, Gus and the Anarchists, Shoddy the Tailor, Artists and Models, The Tramps, Prize Baby, An Expensive Visit, Cleaning Time, Safety Worst, The Twin Sister, Baby, Who Stole the Doggies?, Matilda's Legacy, Her Choice, The Cannibal King, What a Clinch, Avenging Bill, The Dead Letter, The Haunted Hat, Babe's School Days*

1915: NESTOR

Something in Her Eye, Janitor's Joyful Job

1915: EDISON

Clothes Make the Man, The Simp and the Sophomores

1915: PATHE

A Bungalow Bungle (Deel 1 van *The New Adventures of Wallingford*), *Three Rings and a Goat* (Deel 2 van *The New*

Adventures of Wallingford), *A Rheumatic Joint* (Deel 3 van *The New Adventures of Wallingford*), *Fatty's Fatal Run*

1915: CASINO

Ethel's Romeos

1915–'17: VIM COMEDIES

Tussen februari en oktober 1916 verscheen Oliver Hardy samen met de voormalige trapezewerker Billy Ruge in een reeks van 35 *Plump & Runt*-films. Het waren alle eenakters (speelduur ca. tien minuten); elke week liep er een van stapel. VIM was een kleine maatschappij die na een grote brand bij Lubin deze firma had overgenomen. Twee van de drie oprichters van VIM, Bobby Burns en Walter Stull, begonnen in 1915 met de *Pokes & Jabbs*-serie, waarin zij zelf de twee hoofdrollen speelden. Hardy kreeg kleinere rollen. Na enkele maanden promoveerde hij tot een van de hoofdrolspelers in de nieuwe *Plump & Runt*-serie. Slechts enkele van deze nogal ruwe kluchten, met een jong uitziende, overdreven gesticulerende Hardy (als Plump), zijn bewaard gebleven.

Al deze films werden in Jacksonville, Florida opgenomen. Pas eind 1917 vertrok Hardy naar Hollywood.

'Hungry Hearts', met Edna Reynolds

Hungry Hearts

Regie: Jerold T. Hevener. Met: Oliver Hardy (Plump), Billy Ruge (Runt), Edna Reynolds, Ray Godfrey. (15 juni 1916)

1916 Plump en Runt zijn straatarme kunstschilders die in het eerste beeld van deze klucht flauwvallen van de honger. Toch weigert Plump het schilderij van een model te verkopen want hij is verliefd op het meisje. Ook voelt hij er niets voor het portret te schilderen van een opdringerige weduwe, die vervolgens door Runt ten huwelijk wordt gevraagd omdat ze geld heeft. Maar het vriendinnetje van Plump blijkt de erfgename te zijn van de weduwe.

One Too Many

Regie: Jerold T. Hevener. Met: Oliver Hardy (Plump), Billy Ruge (Runt). (17 februari 1916)

Plump, een luie losbol met een fles op zak, heeft jarenlang geld gekregen van zijn rijke oom ter ondersteuning van vrouw en kind, die echter nooit hebben bestaan. Als oom op bezoek dreigt te komen om kennis te maken met het gezinnetje, zoekt Plump met hulp van Runt en een andere kennis een tijdelijke vrouw en dito baby. Runt gaat eerst zelf in de wieg liggen, wordt er dan op uit gestuurd 'een hele zwerm babies' te stelen of te huren en slaagt daar-

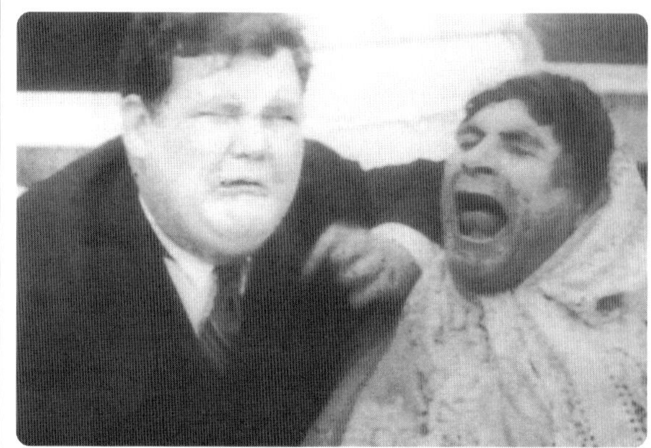

'One Too Many', met Billy Ruge

in wonderwel. Ook vrouwen komen opdagen: één te veel. (Ook wel bekend als *One, Two, Many.*)

Love and Duty

Regie: Jerold T. Hevener. Met: Oliver Hardy (Plump), Billy Ruge (Runt), Bert Tracey, Florence McLaughlin, Ray Godfrey. (21 september 1916)

Plump en Runt zijn in het leger. De reveille is nog maar nauwelijks geblazen of luitenant Runt begint soldaat Plump 'af te knijpen'. De dochter van de kapitein moet van haar vader met de luitenant trouwen, maar ze is verliefd op Plump, ook al heeft die meer oog voor 'het schatje van het regiment'. Plump wordt erin geluisd en komt in de cel terecht. Hij wordt bevrijd door zijn geliefde en krijgt op de vlucht een merkwaardige kanonskogel achter zich aan. Hij treft het dat de kapitein geen groot paardrijder is en als gevolg daarvan te water raakt. Na een gedurfde en geslaagde reddingspoging met een hijskraan komt alles goed.

OOK VOOR VIM

Serie **Pokes & Jabbs**
1915: *Ups and Downs*
1916: *The Way Out, Chickens, Frenzied Finance, Busted Hearts, Bungles' Rainy Day, The Try Out, Bungles Enforces the Law, Bungles' Elopement, Bungles Lands a Job*

'Love and Duty', met Florence McLaughlin

Serie **Plump & Runt**
1916: *A Battle Royal, The Candy Trail, Their Vacation, The Serenade, A Special Delivery, Mamma's Boy, All for a Girl, Nerve and Gasoline, A Precious Parcel, Hired and Fired, A Stickey Affair, That's Sauce for the Goose, The Brave One, The Water Cure, Thirty Days, Baby Doll, The Schemers, The Sea Dogs, Never Again, Better Halves, A Day at School, Spaghetti, Aunt Bill, The Heroes, Human Hounds, Dreamy Knights, Life Savers, Their Honeymoon, An Aerial Joyride, Side-Tracked, Stranded, Artistic Atmosphere, The Reformers, Royal Blood*
Serie **Hardy–Kate Price**
1916: *A Maid to Order, Twin Flats, A Warm Reception, Pipe Dreams, Mother's Child, The Prize Winners, Ambitious Ethel, The Guilty One, He Winked and Won, Fat and Fickle*
Buiten de series om
1916: *Edison Bugg's Invention, It Happened in Pikersville, A Terrible Tragedy*
1917: *Boycotted Baby, The Other Girl, The Love Bugs, Wanted—A Bad Man*

1917–'18: KING-BEE (BILLY WEST)

Van alle Chaplin-imitators boekte Billy West het grootste succes. Hij sloot in 1916 een contract voor vijf jaar met de nieuwe produktiemaatschappij King-Bee. West engageerde Oliver Hardy om de 'heavy' te spelen, als tegenhanger van Mac Swain en Eric Campbell in de films van de echte Chaplin. King-Bee begon zijn produktie in Jacksonville, verhuisde later naar New York en in oktober 1917 naar Hollywood. Oliver Hardy verhuisde mee.

Bokser tegen wil en dank

Originele titel en produktiejaar niet bekend. Met: Billy West, Leo White, Oliver Hardy.

1918 Laatste akte van een twee-akter waarvan de titel niet met zekerheid vast te stellen is.

Billy West is kelner in een etablissement waar klanten om geld kunnen boksen tegen Leo White, die in dit fragment een dame trakteert op een drankje dat ze niet op prijs stelt. Billy West helpt haar door stiekem haar glaasje leeg te gooien en bij het volgende rondje iets minder gevaarlijks te schenken. Als White naar de ring wordt geroepen, gaat West aan haar tafeltje zitten om haar te troosten. Bij gebrek aan een uitdager wordt West door de manager overgehaald om tegen een beloning van vijf dollar met White in het strijdperk te treden. West stemt na enige aarzeling toe, maar als het zover is moet hij door zijn helper Oliver Hardy de ring in worden geduwd. Volgt de gebruikelijke komische boksmatch (zie Charlie Chaplin in *The Champion*, ook met Leo White, Larry Semon in *Horseshoes*, Buster Keaton in *The Battling Butler*, Laurel & Hardy in *Battle of the Century* en *Any Old Port*). Onder applaus van het meisje en de andere aanwezigen wint West de match, dankzij het ingrijpen van Hardy die peper op zijn bokshandschoen strooit.

Leo White was door Billy West aangetrokken omdat hij een regelmatige bijrolspeler in de film van de echte Chaplin was geweest.

OOK VOOR KING-BEE

Serie met Billy West

1917: *Cupid's Rival, Little Nell, A Day's Vacation, Back Stage, The Chief Cook, The Hero, The Station Master, Dough Nuts, The Villain, The Millionaire, A Mix-Up in Hearts, The Genius, The Goat, The Stranger, The Fly Cop, The Modiste, The Star Boarder, The Candy Kid, The Pest, The Prospector*

1918: *Globe Hotel, The Freeloader, His Day Out, The Hobo, The Rogue, The Bandmaster, The Artist, The Barber, King Solomon, The Orderly, The Slave, The Scholar, The Messenger, Bright and Early, The Straight and Narrow, The Handy Man, Playmates*

1918: NOVELTY

All Is Fair

1918–'19: LEHRMAN-KNOCK OUT (L-KO)

1918: *The King of the Kitchen*

'Bokser tegen wil en dank', met Billy West

1919 *Hop the Bellhop, Freckled Fish, Lions and Ladies, Hello Trouble, Painless Love*

1919–'23: VITAGRAPH

Larry Semon was in zijn tijd een van de populairste komieken. In Nederland werd hij meestal Zigoto genoemd, elders Ridolini. Tegenwoordig is hij vrijwel vergeten. Semon was de sterkste troef van Vitagraph, een studio die in 1910 was gestart en die uitgroeide tot de belangrijkste producent van komische (en dramatische) films uit deze periode.

Semons stijl wordt gekenmerkt door een razendsnelle opeenvolging van mechanische en fysieke grappen, culminerend in een spectaculaire *chase*. Hardy, die bij Vitagraph eerst de minder succesrijke Jimmy Aubrey had bijgestaan als 'heavy', kreeg in 1921 die zelfde taak toegewezen in de films van Semon.

The Bakery

Regie: Larry Semon. Met: Larry Semon en Oliver Hardy. (Juni 1921)

1921 De bakkerij wordt een gekkenhuis als gevolg van de voortdurende conflicten tussen bedrijfsleider Hardy en bakkersknecht Semon. Hardy steelt voort-

'The Bakery'

'The Show', met Larry Semon

durend uit de kas en knoeit met de boeken. Als de eigenaar van de bakkerij daar achter komt waarschuwt hij de politie. Hardy luistert het telefoontje af, trekt een revolver en berooft de eigenaar van de rest van het geld. Dan begint de achtervolging. Semon haalt het geld terug en wint de hand van de dochter van de eigenaar.

The Show

Regie en script: Larry Semon, Norman Taurog. Camera: H. Koenekamp. Met: Larry Semon, Oliver Hardy e.v.a. (Maart 1922)

1922 Een variétévoorstelling krijgt een chaotisch verloop als een gezin met drie kinderen door de zuinige vader op één kaartje wordt binnengesmokkeld. De familie neemt plaats op het balkon en begint een maaltijd te nuttigen, delen waarvan terechtkomen op het hoofd van een sjieke bezoeker op een parterreplaats.

Een bezoeker in een zijloge geeft voortdurend blijk van zijn ontevredenheid over de prestaties van de goochelaar op het toneel. Als die een haan tevoorschijn tovert uit zijn hoed, neemt het dier wraak op de ontevreden bezoeker die op zijn beurt de haan een mep wil geven maar bij vergissing de gevederde hoed van een dame uitkiest. De haan, die achterna wordt gezeten door toneelknecht Larry Semon, slaat terug met nitroglycerine.

Nu verschijnt Oliver Hardy als de boosaardig opgemaakte toneelmeester die Semon aan het werk zet met de windmachine. Als resultaat wordt roet de zaal in geblazen en een mannenkwartet op het toneel verliest de bovenkleding. Semon ziet dat Hardy intussen een soubrette in haar kleedkamer berooft van haar juwelen en bindt de strijd aan met de dief. Hij raakt buiten westen en heeft een spectaculaire achtervolgingsdroom: hij achtervolgt samen met de politie per auto en motor-met-zijspan een door Hardy en zijn bende gekaapte trein.

Zoals zoveel kluchten uit de jaren twintig en dertig wordt ook deze ontsierd door enkele raciale grappen.

Golf

Regie: Larry Semon. Met: Larry Semon, Oliver Hardy, Vernon Dent, Lucille Carlisle, Al Thompson. (5 augustus 1922)

Hardy, opnieuw de komische 'heavy' van de film, wil trouwen met Lucille Carlisle, de dochter van de bovenburen. Maar die is verliefd op Vernon Dent en wil in geen geval de boze buurman. Haar broer (Larry Semon) is een verwoed golfspeler die om te oefenen een balletje slaat vanaf de piano en een hole zaagt in de vloer. Zijn bal komt terecht in het bord van Hardy die een verdieping lager soep zit te eten.

Semon gaat naar de golfbaan en krijgt ruzie met een holbewoner die hem tenslotte met een pistool onder vuur neemt. Hardy probeert verscheidene keren Semon uit de weg te ruimen, maar is ten slotte zelf de sigaar.

OOK VOOR VITAGRAPH

Serie met Semon

1921: *The Bellhop, The Fall Guy, A Pair of Kings, Passing the Buck, The Head Waiter, The Rent Collector*
1922: *The Sawmill, The Counter Jumper, The Sleuth*
1923: *The Gown Shop, Horseshoes, The Barnyard*

Serie met Jimmy Aubry

1919: *Mules and Mortgages, Tootsies and Tomales, Healthy and Happy, Flips and Flops, Yaps and Yokels, Mates and Models, Squabs and Squabbles, Bungs and Bunglers, Switches and Sweeties, The Applicant*
1920: *Dames and Dentists, Maids and Muslin, Squeaks and Squawks, Fists and Fodder, Pals and Pugs, He Laughs Last, Springtime, The Decorator, His Jonah Day, The Back Yard*
1921: *The Nuisance, The Blizzard, The Tourist, The Trouble Hunter*

Buiten de series om

1922: *Fortune's Mask, The Little Wildcat*
1923: *One Stolen Night, No Wedding Bells*

1920: SUN-LITE

TIJDENS zijn werk voor Vitagraph werd Oliver Hardy gevraagd de 'heavy' te spelen in een film met een betrekkelijk nieuwe komiek: Stan Laurel.

Laurel was door producent Gilbert Anderson benaderd voor een proeffilm, die *The Lucky Dog* zou gaan heten. Het was voor het eerst dat Laurel en Hardy samen voor de camera stonden en het zou nog zes jaar duren voor er zicht kwam op een duurzame samenwerking bij de studio van Hal Roach. *The Lucky Dog* heeft lang te boek gestaan als een produktie uit 1917, maar onlangs is vastgesteld dat 1920 of 1921 het produktiejaar is.

'Kid Speed'

The Lucky Dog

Regie: Jesse Robins. Met: Stan Laurel, Oliver Hardy, Florence Gillet. (Geen datum van copyright-registratie bekend)

1920 De eerste ontmoeting tussen Laurel en Hardy. (Zie verder bij filmografie Laurel.)

1924–'25: CHADWICK–FIRST NATIONAL

VITAGRAPH beëindigde de relatie met Semon omdat deze steeds meer tijd besteedde aan de perfectionering van zijn vaak gecompliceerde *gags* en daardoor te veel geld uitgaf. Voor Chadwick produceerde Semon behalve een aantal twee-akters ook langere films, waaronder een verfilming van *The Wizard of Oz* met Hardy als 'de blikken man'.

Kid Speed

Regie: Larry Semon. Met: Larry Semon, Oliver Hardy, Dorothy Dwan, James Jeffries, Frank Alexander, Grover Ligon, Bill Banker, Spencer Bell. (16 november 1924)

1924 De film is een goed voorbeeld van de extravagante eisen die Semon zichzelf stelde om een 'chase' in beeld te brengen die anders was dan andere. De finale speelt zich af op een autocircuit waar tientallen bolides aan de start staan, waaronder de racemonsters die Oli-

'Should Sailors Marry?', met Clyde Cook

ver Hardy en Larry Semon hebben gebouwd om mee te dingen naar de hoofdprijs. Die bestaat voor deze twee rivalen uit het recht om Dorothy Dwan het hof te mogen maken. Wie wint mag van haar vader elke week een avond op bezoek komen. Veel 'gags' tijdens de race. Hardy geeft zijn helper opdracht een aardverschuiving te veroorzaken om Semon de weg af te snijden maar wordt zelf het slachtoffer.

(*Kid Speed* staat ook bekend als *The Four-Wheeled Terror.*)

Andere Chadwick-films met Larry Semon

1924: *The Girl in the Limousine* (6 aktes)
1925: *The Wizard of Oz* (7 aktes), *The Perfect Clown* (6 aktes)

1924–'27: HAL ROACH STUDIOS

HARDY's eerste kennismaking met Hal Roach Studios dateert uit 1924. Op free-lance basis trad hij op in enkele *comedies* en in een western. Laurel werkte toen nog voor producent Joe Rock. Pas in februari 1926 kreeg Hardy een contract voor langere termijn bij Roach. Laurel volgde hem nog hetzelfde jaar, maar aanvankelijk alleen als regisseur en schrijver.

Should Sailors Marry?

Regie: James Parrott. Met: Clyde Cook, Oliver Hardy, Noah Young, Fay Holderness. (8 november 1925)

1925 Clyde Cook is een zeeman, die zich aan de haak laat slaan door de ex-vrouw van Noah Young, een worstelaar die woont in het logement dat door zijn ex wordt gedreven en die alimentatie van haar te goed heeft. De huwelijksnacht brengt Cook door in bed met Noah, die een worstelaarsdroom heeft. Het gescheiden echtpaar is uit op het geld van Cook, want er zijn ook nog een zoon en een dochter te onderhouden. Als blijkt dat Cook geen cent bezit, sluiten Noah en zijn ex een verzekering op zijn leven af. In de laatste akte van de film treedt Hardy op als de keuringsarts. Hij constateert zand in Cooks carburator, stelt geruststellend vast dat hem verder niets mankeert, maar zegt te willen opereren om ervaring op te doen.

Cook haalt halsbrekende toeren uit op een wolkenkrabber in aanbouw en ontsnapt aan een wisse dood dankzij een passerende ballon.

Wandering Papas

Regie: Stan Laurel. Met: Clyde Cook, Oliver Hardy, Tyler Brooke, Sue O'Neill. (6 februari 1926)

1926 Dit is de tweede film waarin Oliver Hardy werkte onder regie van Stan Laurel (de eerste was *Yes, Yes, Nanette*, december 1925). De hoofdkomiek van *Wandering Papas* is Clyde Cook, een Australiër van geboorte. Hij speelt de kok in een kamp van bruggenbouwers. Van voorman Hardy krijgt hij de opdracht nu eens iets anders klaar te maken dan bonen. Cook probeert een vis te vangen en gaat op jacht. Hij maakt pannekoekenbeslag dat vermengd wordt met een portie buskruit uit de voorraad van de plaatselijke kluizenaar. Hardy krijgt de grootste stapel pannekoeken…

De film eindigt met een adembenemende cliffhanger: Cook en Hardy hangen aan een treinwagon die balanceert op de rand van een afgrond.

(Ook bekend als *Enough to Do.*)

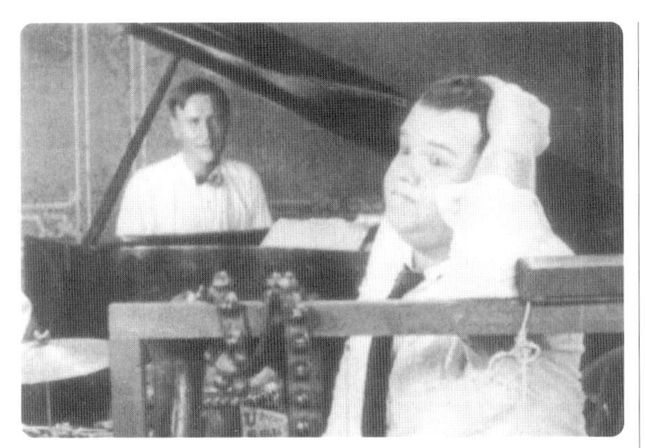

'The Nickel-Hopper'

'Along Came Auntie'

The Nickel-Hopper

Regie: Richard Jones. Met: Mabel Normand, Oliver Hardy, Boris Karloff, James Finlayson. (12 mei 1926)

Mabel Normand werkt voor tien cent per dans in Happy Hours, een 'dansacademie met dertig vrouwelijke instructeurs'. Overdag heeft ze handen tekort om als oudste dochter een heel gezin te runnen. Haar vader verdient geen cent: hij was naar het Zuiden verhuisd toen hij hoorde dat er in het Noorden werk genoeg was. Mabel wordt in de dansschool op haar tenen getrapt door beginners, maar ontmoet er ook de man van haar dromen.

Oliver Hardy heeft een klein, maar zeer opvallend rolletje als de hardwerkende drummer van de band.

Een andere verrassing in deze film is de verschijning van Boris Karloff als een van de dansers. Van regisseur Richard Jones krijgt hij twee mooie close-ups. Karloff was in 1926, dus voor zijn 'monster'-periode, al enigszins bekend door bijrollen in gangsterfilms.

Long Fliv the King

Regie: Leo McCarey. Met: Charley Chase, Oliver Hardy, Max Davidson, Martha Sleeper. (13 juni 1926)

De ter dood veroordeelde Chase heeft geluk. Een prinses uit een ver land is in New York om boodschappen te doen als ze een telegram krijgt dat zij binnen 24 uur getrouwd moet zijn, of ze verliest haar recht op de troon. Ze hoort van de naderende executie en trouwt met Chase die jubelend als toekomstig koning de gevangenis verlaat.

Samen met zijn advocaat Max Davidson en de prinses reist hij naar het verre land, zonder te beseffen dat premier Uvocado met hulp van zijn *aide* (Hardy in generaalsuniform) vastbesloten is de nieuwbakken koning van de troon te stoten. Hij provoceert Chase tot een duel dat na de nodige slapstick in het voordeel van Chase wordt beslist.

Along Came Auntie

Regie: Fred Guiol. Met: Glenn Tryon, Oliver Hardy, Vivien Oakland, Martha Sleeper. (25 juli 1926)

Glenn Tryon is de hoofdkomiek in deze film. Hij is getrouwd met Vivien, die gescheiden is van Hardy. Vivien heeft recht op een fortuin van haar tante Martha, op voorwaarde dat die er niet achter komt dat ze gescheiden is. Als de suikertante onverwacht op bezoek komt wordt Hardy, die net een kamer in het huis heeft gehuurd, overgehaald voor echtgenoot te spelen. Er ontstaat, zacht uitgedrukt, een zekere verwijdering tussen Tryon en Hardy. Tante Martha komt achter de waarheid.

OOK VOOR ROACH

1924: *A Perfect Lady, The King of Wild Horses* (ook wel: *Rex, King of the Wild Horses*), *All Wet*
1925: *Yes, Yes, Nanette* (regie: Stan Laurel), *Isn't Life Terrible?* (met Charley Chase), *Is Marriage the Bunk?* (met Charley Chase), *Wild Papa*
1926: *Madame Mystery, Say It with Babies, His One Ambition, Be Your Age* (met Charley Chase), *Crazy Like a Fox* (met Charley Chase), *Bromeo and Juliet* (met Charley Chase), *Thundering Fleas* (met Our Gang)
1927: *The Lighter That Failed* (met Charley Chase), *Fluttering Hearts* (met Charley Chase), *No Man's Law* (7 aktes), *Baby Brother* (met Our Gang), *Should Men Walk Home?, Why Girls Say No, The Honorable Mr. Buggs, Love 'Em and Feed 'Em, Assistant Wives* (met Charley Chase)
1928: *Barnum and Ringling, Inc.* (met Our Gang), *Galloping Ghosts*

1925–'26: ARROW

De twee films met Bobby Ray voor Arrow Pictures Corp. geven een duo te zien dat in de verte lijkt op de latere Laurel & Hardy. Hardy werkte dat jaar al voor Hal Roach Studios, maar had daar nog niet samen met Laurel voor de camera gestaan.

Stick Around en *Hop to It* werden voor Arrow geproduceerd door Cumberland, de eigen maatschappij van Billy West.

Stick Around

Regie: Ward Hayes. Met: Bobby Ray, Oliver Hardy, Hazel Newman, Harry McCoy. (8 mei 1925)

1925 Bobby Ray, een nu vergeten komiek, wordt geïntroduceerd als 'een sufferd met hersens die lijken op een noodrem: hij gebruikte ze zelden'. Zijn baas Hardy is behanger: 'Hij was als een olijf: niemand mocht hem in het begin.'

De film opent met beelden van Ray die sjans heeft bij twee dames tot ze ontdekken dat die mooie auto niet van hem is. Ray komt te laat op zijn werk, wat slecht uitkomt,

'Stick Around', met Bobby Ray

want Hardy heeft juist opdracht gekregen voor een karwei in een sanatorium. Samen gaan ze met een handkar vol rollen behangselpapier op weg.

Een open mangat midden in de straat veroorzaakt een reeks ongelukken die er weer toe leiden dat de rollen op de handkar worden verwisseld met aanplakbiljetten van een circus. In het sanatorium loopt alles fout, maar Hardy en Ray worden dikke vrienden.

(Een verkorte versie van *Stick Around* staat bekend als *The Paperhanger's Helper*. Ten onrechte is deze versie jarenlang toegeschreven geweest aan Lubin Films, met 1915 als produktiejaar.)

Hop to It

Regie: Ted Burnsten. Met: Bobby Ray, Oliver Hardy, Janet Dawn, Frank Alexander. (19 mei 1925)

Het duo Ray en Hardy is voor deze gelegenheid gestoken in het uniform van hotelpiccolo's. Oliver vertoont in de zwierige manier waarop hij een vrouwelijke hotelgast begroet al iets van het Ollie-karakter uit de films met Laurel. Maar de verhouding met Ray ontbeert de onderlinge afhankelijkheid die enkele jaren later kenmerkend zou worden voor Stan en Ollie. Hardy zit in deze film voornamelijk de vluchtende Ray achterna door het hotel, waarvan

'Hop to It'

'A Bankrupt Honeymoon'

de manager 'zo gemeen is dat hij lits jumeaux plaatst in de bruidssuite'.

Het gestuntel van een dronken gast die zich vergist in zijn deur heeft tot gevolg dat de kamers 6 en 9 respectievelijk de nummers 9 en 6 krijgen, en dat leidt weer tot een onvrijwillig bad.

Hardy poogt een rijke hotelgast (de superdikke Frank Alexander) van zijn geld te beroven, maar Ray verhindert dat. Een achtervolging naar het dak van het hotel en een levensreddende actie van Ray vormen de finale.

OOK VOOR ARROW

1926: *Hey, Taxi!*, *Stop, Look and Listen* (6 aktes, met Larry Semon)

1926: FOX

MIDDEN jaren twintig werkte Hardy steeds vaker voor Roach, maar tussen de bedrijven door ook voor andere studio's zoals Fox, een maatschappij die later zou fuseren tot 20th Century Fox. De twee films die op Hardy's naam staan, waren als vermist opgegeven maar enkele jaren geleden werd *A Bankrupt Honeymoon* bij een Nederlandse verzamelaar teruggevonden, met uitzondering van een korte beginscène. *The Gentle Cyclone*, een western met Buck Jones, wordt nog altijd vermist.

A Bankrupt Honeymoon

Regie: Lewis Seiler. Met: Oliver Hardy, Harold Goodwin, Shirley Palmer, Frank Beal, Harry Dunkinson. (7 februari 1926)

1926 Hardy is taxi-chauffeur voor de notoire boemelaar Pembroke. Op de dag voor zijn huwelijk laat deze zich van zijn huis naar de club rijden (aan de overkant van de straat) om nog één keer flink de bloemetjes buiten te zetten. Geld heeft hij niet bij zich en de meter loopt door, want de taxi wacht de hele avond. Hardy laat zijn klant niet in de steek, slaapt bij hem in bed en brengt hem 's ochtends naar het stadhuis en naar het hotel, waar de bruidssuite is besproken. Bij de receptie krijgt Pembroke een telegram: 'Door ongelukkige speculaties fortuin verspeeld. Hou moed.'

De berooide Pembroke en zijn taxichauffeur komen op het idee een autobus in te richten als restaurant. De open dubbeldekker—voorzien van het opschrift 'Eat while you ride'—heeft succes bij late boemelaars en bij kantoormensen die geen tijd hebben om thuis te ontbijten. De kok weet buitengewoon handig aan verse kippen te komen.

'Crazy to Act', met Mildred June

Chauffeur Hardy krijgt ongelukkigerwijs een vaas op zijn hoofd als hij uit het raampje leunt en de dubbeldekker eindigt tegen een boom.

OOK VOOR FOX

The Gentle Cyclone (5 aktes)

1926–'27: SENNETT

De lachfabriek van Mack Sennett, die zich in 1912 als een van de eerste onafhankelijke producenten in Hollywood had gevestigd, was vijftien jaar later al niet meer de grootste concurrent van Hal Roach, waar Hardy regelmatig werkte. Sennett had zijn beste komieken zien vertrekken en experimenteerde met boy/girl-duo's in de hoop nieuw leven in zijn filmproduktie te kunnen blazen. Een van de duo's die geen stand hielden, bestond uit Mildred June en Matty Kemp. Oliver Hardy werd geëngageerd voor een belangrijke rol in hun twee-akter *Crazy to Act.*

In deze periode was Hardy al min of meer aan Laurel gekoppeld, o.a. in *Duck Soup* en *Sailors, Beware!*

Crazy to Act

Regie: Earl Rodney. Met: Oliver Hardy, Mildred June, Matty Kemp, Sunshine Hart, Dave Morris, Jack Cooper. (15 mei 1927)

1927 Op een partijtje ten huize van een gesjochte filmproducent probeert diens vrouw de miljonair Hardy te koppelen aan haar dochter (Mildred June), ook al heeft die iets moois met Matty Kemp. Maar ze wil niet trouwen met Kemp, omdat 'haar ziel hunkert naar expressie in films'. Dat is ook de reden waarom zij toestemt in een huwelijk met Hardy. De voorwaarde is dat de miljonair eerst een ster van haar maakt. Hardy kan van geluk zijn tranen niet bedwingen.

Tijdens de opnamen echter ziet hij met groeiende ongerustheid hoe Mildred opgaat in haar liefdesscènes met Kemp die de mannelijke hoofdrol heeft gekregen. Door het gestuntel van de cameraman vallen sommige scènes letterlijk in het water en tijdens een proefprojectie komen nog meer feilen aan het licht. De cameraman vlucht voor de woede van regisseur en financier als blijkt dat bij een dure explosie zijn camera in de verkeerde richting wees. Midred gaat aan de haal met Kemp, achtervolgd door haar moeder en Hardy.

Oliver Hardy is in *Crazy to Act* voor het eerst goed herkenbaar als de Ollie uit zijn films met Laurel.

OOK VOOR SENNETT

1926: *A Sea Dog's Tail*

1939: ROACH

Zenobia (met Harry Langdon)

1949: REPUBLIC

The Fighting Kentuckian (met John Wayne)

1950: PARAMOUNT

Riding High (met Bing Crosby)

Stan Laurel (1890–1965)

1917–'18: NESTOR

Nuts in May, Hickory Hiram, It's Great to Be Crazy

1918: L–KO

Phoney Photos, Whose Zoo

1918–'19: ROLIN (HAL ROACH)

LAURELS werk voor Hal Roach valt uiteen in drie scherp omlijnde periodes: 1918–1919, 1923–1924 en 1925–1940, de laatste periode tot 1928 als regisseur en schrijver, en af en toe acterend zonder Hardy. Zijn eerste contract kreeg hij in 1918 toen een serie geplande films met de toen wereldbekende clown Toto (Armando Novello) niet kon worden afgemaakt omdat Toto zijn verplichtingen niet nakwam en terugkeerde naar het toneel. Laurel werd haastig door Roach ingehuurd om de resterende vijf films voor zijn rekening te nemen.

Just Rambling Along

Regie: Hal Roach. Met: Stan Laurel, Clarine Seymour, Bud Jamison. (3 november 1918)

1918 Stan wordt op straat van zijn geld beroofd door het zoontje van een politieman. Hij wordt professioneel een eethuis binnengelokt door Clarine Seymour maar onmiddellijk weer op straat gegooid omdat hij platzak is. Buiten rooft hij een nickel terug van het jongetje, waarna hij opnieuw het restaurant binnengaat en via een uitgebreide proeverij bij de kok een flinke maaltijd weet binnen te halen, terwijl hij alleen koffie bestelt. Seymour wil niets van hem weten als hij aanschuift aan haar tafeltje maar zadelt hem op met haar rekening. Hij probeert uit het restaurant te ontsnappen, maar buiten wacht de agent die door zijn zoontje is gealarmeerd.

Dit is voor zover bekend de oudste nog bestaande film met Stan Laurel.

'Just Rambling Along'

OOK VOOR ROLIN

1918: *No Place Like Jail*
1919: *Hoot Man, Do You Love Your Wife?, Hustling for Health*

1918–'21: VITAGRAPH

EVENALS Hardy werkte Laurel voor Larry Semon bij Vitagraph, maar het aantal films bleef tot enkele beperkt. Semon vond dat Stan een 'scene stealer' was: teveel de aandacht naar zich toe trok, terwijl hij was aangenomen om tweede viool te spelen.

Frauds and Frenzies

Regie: Larry Semon. Met: Larry Semon, Stan Laurel. (December 1918)

Larry Semon en Stan zijn deelnemers aan een 'conventie van Stenenbrekers', wat wil zeggen dat ze veroordeeld zijn tot dwangarbeid in een steengroeve. De twee 'sofa-sjeiks' hebben tien jaar gekregen wegens flirten.

Het eerste deel van de film, dat zich afspeelt in de groeve, blinkt uit door vlekkeloos getimed samenspel tussen Stan en Larry in hun gestreepte uniformen. Als de twee dwangarbeiders kans hebben gezien om te ontsnappen, hervatten zij hun oude hobby, volgens een tussentitel als 'twee zielen met maar één gedachte'. Ze komen het uitdagende blondje Dolly Dare tegen, proberen elkaar kwijt te raken om elk voor zich Dolly te kunnen veroveren, maar lopen elkaar weer tegen het lijf voor de deur van haar huis.

Eenmaal binnen blijkt het meisje de dochter van de gevangenisdirecteur te zijn.

Stan Laurel is prominent aanwezig in deze film, maar Semon houdt de traditionele achtervolging aan het slot strikt voor zichzelf. Dit keer gebruikt hij een telegraafpaal, een hijskraan en rioolbuizen bij de *chase*, die eindigt in de arrestatie van de twee ontsnapte gevangenen.

OOK VOOR VITAGRAPH

1918: *Bears and Bad Men, Huns and Hyphens* (beide met Larry Semon)

1920: SUN-LITE

STAN LAUREL kreeg in 1920 een aanbod van producent Gilbert 'Bronco Billy' Anderson om een proeffilm te maken die zou kunnen leiden tot een serie comedies met Laurel in de hoofdrol. Regisseur Jesse Robins stelde voor Hardy te vragen als 'heavy' in de film, die *The Lucky Dog* zou gaan heten. De serie die Anderson voor ogen had kwam ook inderdaad van de grond.

(Zie ook de filmografie van Oliver Hardy.)

The Lucky Dog

Regie: Jesse Robins. Met: Stan Laurel, Oliver Hardy, Florence Gillet.
(Geen datum van copyright-registratie bekend)

1920 Stan wordt uit zijn kosthuis gegooid door een hospita wier hart 'harder is dan haar matrassen'. Op straat wordt hij geschept door een tram. Hij ziet sterretjes, maar dan in de vorm van dansende elfjes. Als hij een ervan wil omhelzen voelt hij de natte neus van een straathond, die vanaf dat moment niet van hem weg is te slaan. Stan wordt opnieuw geschept, nu door een auto die een dame vervoert die met haar huisdier op weg is naar een hondententoonstelling.

Even later loopt Stan op een straathoek vlak bij de tentoonstellingshal Oliver Hardy tegen het lijf die juist bezig is een voorbijganger te beroven. Hardy stopt de buit per ongeluk niet in eigen zak, maar in die van Laurel en ziet zich daarom genoodzaakt ook deze te beroven.

'The Lucky Dog', met Oliver Hardy

De dame met het hondje arriveert. Haar honderiem raakt verward met die van de hond van Stan. Na kennismaking en verwarring op de tentoonstelling vertrekt Stan met zijn nieuwe kennisje naar het huis van haar vader, tot verdriet van de verloofde van het meisje. De verloofde loopt Hardy tegen het lijf en samen beramen ze een plan om wraak te nemen op Stan. De verloofde introduceert Hardy als de Zwitserse Graaf De Chease in het huis van de vader, waar Stan inmiddels is gearriveerd. Hardy heeft zich gewapend met twee revolvers en een staaf dynamiet ('100%'), die in een tussentitel een 'Bolsjevistisch snoepje' wordt genoemd. De strijd die volgt als Stan een van de revolvers in handen krijgt, wordt in diens voordeel beslist door het hondje, dat zich meester maakt van de staaf dynamiet met brandende lont.

1922–'23: QUALITY/AMALGAMATED METRO

PRODUCENT G.M. Anderson had succes met zijn 'pilot' *The Lucky Dog*. De proef uit 1920 werd gevolgd door

'The Noon Whistle', met Katherine Grant

een serie van zes twee-akters, alle gedistribueerd door Metro, met Stan Laurel in de hoofdrol.

Mud and Sand

Regie: Gil Pratt. Camera: Irving Ries. Met: Stan Laurel, Julia Leonard, Leona Anderson, Sam Kaufman, Mae Dahlberg. (13 november 1922)

1922 In een armoedig Spaans dorp wacht een ongeruste moeder op haar zoon, Rhubarb Vaseline (Stan Laurel), die om een zak meel is gestuurd en maar niet thuiskomt. De jongen droomt van een toekomst als stierenvechter en als hij onderweg langs een arena voor amateurs komt, sluit hij zich met zijn vriend Sapo aan bij het rijtje kandidaten. De een na de ander wordt na het gevecht op een draagbaar weggevoerd en Sapo blaast zelfs de laatste adem uit. Daardoor tot grote prestaties aangespoord smijt Vaseline, als hij aan de beurt is, stier na stier als even zovele zoutzakken over de schutting van de arena. Als hij eindelijk thuiskomt heeft hij een smak geld verdiend.

Caramel, een schoolvriendinnetje van vroeger, is onder de indruk. Ze schenkt hem een roos en een huwelijk volgt. Rhubarb Vaseline vertrekt naar Madrid—hij is inmiddels het idool van Spanje. Op de binnenplaats van Cafe Español baart hij opzien met een dans die eindigt met een onvrijwillig bad voor zijn partner, de beroemde danseres Pavaloosky. Zij zweert zich op hem te zullen wreken. Die avond laat hij zich verleiden door de fatale vrouw Filet de Sole, die 'elke arme vis in Spanje om haar vinnen windt'. De twee worden betrapt door Caramel en Rhubarbs moeder. Verlaten door zijn vrouw en met een gebroken hart begint Vaseline zich voor te bereiden op het laatste gevecht. Met brillantine bewerkt hij zijn haar terwijl buiten een onweersbui komt opzetten. De bliksem slaat in zijn scheiding: een slecht voorteken!

In de arena lukt 't hem met moeite de stier tot actie te bewegen. Voor Pavaloosky, die in een loge zit, is dan het uur van de wraak aangebroken. Zij zorgt ervoor dat de cape van Rhubarb doordrenkt wordt met ether.

Pavaloosky wordt gespeeld door Mae Dahlberg, die in werkelijkheid Stans levenspartner was.

OOK VOOR METRO

1922: *The Pest, The Egg, The Weak-End Party*
1923: *The Handy Man, When Knights Were Cold*

1923–'24: ROACH

HET SUCCES van *Mud and Sand* en volgende films was reden voor Hal Roach om Laurel opnieuw te contracteren, nu voor een serie van 24 een- en tweeakters, in veel gevallen met James Finlayson en Katherine Grant als tegenspelers.

The Noon Whistle

Regie: George Jeske. Met: Stan Laurel, James Finlayson, Katherine Grant. (29 april 1923)

1923 In een houthandel zijn de werknemers zo lui 'dat ze tegen elkaar aan leunen bij het nietsdoen'. De zaak is bijna failliet en voorman Finlayson wordt aangespoord door de directie om zijn mannen tot grotere prestaties op te jagen. Stan, die hier Tanglefoot heet, wordt zijn voornaamste slachtoffer.

De film is een ware catalogus van *gags* met planken, kisten, deuren en trappen. Als de stoomfluit voor het schaftuurtje gaat heeft Stan juist een zak cement opgehesen.

Finlayson staat eronder. In de buurt staat ook nog een vat met warme houtlijm. De gemangelde voorman wordt ontslagen en uit het niets duikt de directiesecretaresse op, die Stan om de hals vliegt.

(Latere titel: *Wooden Head*.)

White Wings

Regie: George Jeske. Met: Stan Laurel, James Finlayson. (13 mei 1923)

Straatveger Stan verdedigt zijn territoir tegen een collega die er met zijn vuil vandoor dreigt te gaan. Hij ziet een kinderwagen voor zijn karretje aan en slaat op de vlucht met de baby, achterna gezeten door het kindermeisje en een politieagent. De baby komt terecht maar Stan verdwijnt in een mangat. Volgt een kat-en-muis-spel met de agent, in de loop waarvan Stan zich voordoet als standbeeld, schoenpoetser en tot slot als tandarts. Finlayson is de eerste patiënt van de tandarts, die zijn praktijk op straat 'absoluut bijna pijnloos' uitoefent. Achter een gesloten gordijn krijgt 'Fin' een tik op zijn hoofd om daarna bij open gordijn onder applaus van de omstanders van zijn pijn te worden verlost. Een oude vrijster ondergaat hetzelfde lot. De laatste patiënt is de agent, die voor verdoving (met een extra zware hamer) gereed wordt gemaakt met een kleedje op zijn hoofd en een bosje bloemen tussen zijn gevouwen handen.

Pick and Shovel

Regie: George Jeske. Met: Stan Laurel, James Finlayson, Katherine Grant. (17 juni 1923)

Stan arriveert in bontjas en met hoge hoed bij een mijn en gaat ondergronds om in de plunje van een kompel chaos aan te richten met zijn pikhouweel. Opzichter Finlayson doet wanhopige pogingen zijn nieuwe arbeidskracht, die telkens met de lift bovengronds opduikt, in het gareel te houden. Als Katherine Grant, dochter van de baas, in de mijngang verschijnt is Stan onmiddellijk verkocht.

Om even uit te rusten steekt hij een rokertje op bij een ezelskar vol dynamiet. Hij probeert zonder succes een ondergrondse overstroming binnen de perken te houden. In een dwaas slotbeeld rijden Stan en Katherine Grant door de mijngang met de dynamietkar, die onder water door de ezel wordt voortgetrokken.

Collars and Cuffs

Regie: George Jeske. Met: Stan Laurel, Mark Jones, Eddie Baker, Katherine Grant. (1 juli 1923)

Van alle pure slapstick-films die Laurel in zijn beginperiode maakte is dit een van de puurste. Er is geen verhaal, maar het thema is klassiek: een werknemer maakt tot ergernis van zijn werkgever een bende van de werkplaats, in dit geval een wasserij. Wassen, strijken, persen: alles komt in snel tempo aan de beurt. De finale wordt ingeleid door een defecte wastrommel die een stroom zeepsop op de werkvloer loost. Een arme bliksem die de machine wil repareren is per ongeluk door Stan in de draaiende trommel opgesloten. De chaos in de wasserij breidt zich uit tot de straat als het sop naar buiten stroomt. De politie wordt gealarmeerd, auto's slippen en op de stoep gaat iedereen onderuit. Het slot is een wild ballet van glijdende, vallende, met schuim overdekte agenten.

(Latere titel: *On the Job*.)

Kill or Cure

Regie: Percy Pembroke. Met: Stan Laurel, Katherine Grant, Noah Young, Roy Brooks. (15 juli 1923)

Stan is handelsreiziger met een wondermiddeltje. Prof. I.O. Dine's 'Knox All' helpt tegen hoest en kiespijn en kan volgens het etiket ook worden gebruikt als meubelwas, after shave, vlekkenwater en verdelgingsmiddel voor insekten.

Stan houdt zijn verkooppraatje bij een doofstommeninstituut maar heeft meer succes bij een toevallig passerende dronkelap, die echter moeite heeft het dopje van de fles te halen. Bij een huisvrouw krijgt Stan pas een voet tussen de deur als hij fluit als haar kanariepietje, en ten slotte demonstreert hij het middel aan een automobilist. Diens Fordje wordt inderdaad als nieuw, maar blijkt onder invloed van het middel te krimpen.

De regie is van Percy Pembroke, die later ook de Joe Rock-films zou regisseren.

'Kill or Cure'

'Roughest Africa'

Oranges and Lemons

Regie: George Jeske. Met: Stan Laurel, Katherine Grant, Roy Brooks, George Rowe. (12 augustus 1923)

Uitgedost met een sombrero is Stan als plukker en inpakker ingeschakeld bij de sinaasappeloogst. Opnieuw een film zonder verhaal. Het ene ongeluk haalt het andere uit, eerst in de boomgaard en later in de loods, waar grapefruits en andere zuidvruchten moeten worden ingepakt.

A Man About Town

Regie: George Jeske. Met: Stan Laurel, James Finlayson, George Rowe, Mark Jones. (16 september 1923)

In de tram vraagt Stan de weg aan de conducteur die hem aanraadt een vrouwelijke passagier te volgen die dezelfde overstap moet maken. Hij volgt een dame met net zo'n witte jurk en komt terecht in een kledingmagazijn, waar detective Humko (James Finlayson) waakt tegen dieven. In het resterende deel van de film wordt de vrouw in het wit achterna gelopen door Stan, die weer wordt nagezeten door Finlayson. Ze belanden onder andere in een kapperswinkel met twee schele barbiers.

Roughest Africa

Regie: Ralph Cedar. Met: Stan Laurel, James Finlayson, Katherine Grant. (30 september 1923)

Professor Stanislaus Laurelic en zijn collega, professor Hans Downe (James Finlayson) vertrekken uit Hollywood op foto- en filmsafari. Het is geen verre reis want voor deze gelegenheid liggen Hollywood en Los Angeles in Noord-Afrika. De twee ontdekkingsreizigers beleven bange momenten met een stekelvarken, een struisvogel, een beer en een olifant. Stan bootst op een contrabas de lokroep van de 'wilde Afrikaanse leeuw' na en krijgt een hele kudde leeuwen achter zich aan. Als hij 't ook met een krokodil aan de broek krijgt, besluit hij een taxi naar huis te nemen. Op de achterbank heeft hij een stinkdier als medepassagier.

(Latere titel: *The Hunter*.)

Frozen Hearts

Regie: Jay A. Howe. Met: Stan Laurel, Katherine Grant, Mae Dahlberg, James Finlayson. (28 oktober 1923)

Ivan Kektunoff (Stan), een eenvoudige jongen in een arm Russisch dorp, heeft het hart veroverd van de mooie Naphtaline (Katherine Grant). Maar dan arriveert luitenant Tumankikine, de vertegenwoordiger van een militair regime dat blijkens een tussentitel mensen naar Siberië

'Save the Ship'

stuurt 'omdat ze borstelig haar hebben'. Hij requireert Naphtaline als danseres aan het keizerlijk hof in Sint Petersburg. In zijn dorp komt Ivan voor een vuurpeloton dat zo incompetent is dat hij zijn executie overleeft en in het uniform van de luitenant naar Sint Petersburg vertrekt om zijn Naphtaline te redden.

Naphtaline danst in het ballet 'De geleende staatsschuld'. Haar woede wordt gewekt als zij Ivan betrapt met de beruchte verleidster Prinses Sodawiski (Mae Dahlberg). Op haar beurt werpt zij zich in de armen van generaal Trobinokoff (James Finlayson), die Stan de handschoen toewerpt. Het duel duurt tweehonderd dagen.

Save the Ship

Regie: Ralph Cedar. Met: Stan Laurel, Marie Mosquini, Mark Jones. (18 november 1923)

Stan houdt met de hele familie vakantie op een houseboat: een tent op een vlot, compleet met voortuintje. Hij spit naar wormen die door de kippen worden opgegeten en slaat al hengelend zichzelf aan de haak. Hij schiet op vliegende vissen met als resultaat dat het vlot ten onder gaat. Een watersporter met een snelle motorboot schiet te hulp. Stan ziet kans met zijn schoonvader (Mark Jones) in het bijbootje te klauteren, dat helaas niet goed vastzit. Als de van kou bibberende schoonpapa een vuurtje gaat stoken tegen de kou (met zijn losse boordje als aanmaakhout), stroomt al gauw het water binnen. Al patience spelend gaat Stan kopje onder.

(Latere titel: *The Houseboat.*)

The Soilers

Regie: Ralph Cedar. Met: Stan Laurel, James Finlayson, Ena Gregory. (25 november 1923)

Canester (Stan) is eigenaar van een serie goudmijnen, ergens in Alaska. Hij houdt kantoor in een negorij waar de sheriff, de vrederechter en de deurwaarder tegen hem samenspannen. Deurwaarder Smack komt op het idee beslag te leggen op de mijnen omdat Canester zijn hondenbelasting niet heeft betaald. De mijnmagnaat bezweert dat hij de deurwaarder mores zal leren, 'met zijn twee blote handen'. Het hoogtepunt van de film is de worsteling tussen Stan en Finlayson die zich van het kantoor van de sheriff via de straat verplaatst naar de plaatselijke saloon. Natuurlijk wint Canester, maar hij krijgt per ongeluk een bloempot op zijn hoofd en wordt afgevoerd door een vuilniswagen van de gemeente Los Angeles (!).

De film lijkt een parodie op elke bestaande western met zijn 'realistische' opnamen van schietpartijen en kroegscènes, maar poogt overduidelijk de succesfilm *The Spoilers* (ook uit 1923, met Noah Beery) op de hak te nemen.

Mother's Joy

Regie: Ralph Cedar. Met: Stan Laurel, James Finlayson, Helen Gilmore, Mae Dahlberg, Beth Darlington, Katherine Grant. (23 december 1923)

Baron Buttertop (Finlayson) probeert zijn verdriet te verdrinken. Hij roept zijn advocaat bij zich en vraagt hem zijn zoon terug te vinden. In twee flashbacks zien we hoe zijn dochter geschaakt is door 'a handsome scoundrel' (Stan Laurel) en hoe hij later zijn dochter met haar kindje Basil (Stan Laurel) de deur heeft gewezen omdat de baby een lange neus tegen zijn opa maakte. Nu is de baron oud en mild en hij wil zijn zoon terug.

De advocaat ontdekt op straat een aapjeskoetsier die, als de stoomfluit van twaalf uur gaat, midden op de tramrails

'Mother's Joy'

zijn paard een bord hooi serveert. Het is Basil!

De terugkomst van de verloren zoon wordt gevierd met een deftig feest en Basil wordt voorgesteld aan Flavia de Lorgnettes, die is uitverkoren zijn vrouw te worden. Basil zal 'met zilveren klanken' een lied vertolken, met zijn moeder aan de piano. In paniek verlaten alle gasten het huis. (De laatste man die wegloopt is Charlie Hall, 'the little menace' uit de latere L&H-films, hier vermoedelijk in zijn eerste optreden in een film van Hal Roach.)

Op het verlovingsfeest storten die zelfde gasten zich als één man op het diner. Basil verstoort de toespraak van zijn vader met een wel heel sappige grapefruit en dreigt opnieuw met een lied.

Ondanks alles verschijnen Basil en Flavia voor de dominee, maar als de bruidegom tijdens de plechtigheid wegloopt om zijn paard tijdig een bord hooi te serveren, weigert Flavia haar ja-woord te geven.

Smithy

Regie: George Jeske. Met: Stan Laurel, James Finlayson, George Rowe, Landers Stevens. (20 januari 1924)

1924

Soldaat Smith (Stan) wordt na een vechtpartij met zijn sergeant (James Finlayson) uit militaire dienst ontslagen omdat er gebrek aan bonen is in het leger. Als veteraan krijgt hij een baantje aangeboden als bouwvakker. Hij kan onmiddellijk aan het werk bij een huis in aanbouw. Een van zijn collega's is Finlayson die ook zijn burgerkloffie heeft aangetrokken.

Op het dak van het huis demonstreert Stan met een rol asfaltpapier zijn volslagen gebrek aan vakmanschap, tot ergernis van de ex-sergeant. Door de vergissing van een loopjongen wordt Stan belast met alle constructiewerkzaamheden en zijn eerste daad is Finlayson te ontslaan. Het huis wordt afgebouwd maar zakt bij de eerste aanraking als een kaartenhuis in elkaar.

Postage Due

Regie: George Jeske. Met: Stan Laurel, James Finlayson. (17 februari 1924)

Finlayson werkt al twintig jaar zonder enig succes als detective voor de Amerikaanse PTT. Zijn chef spoort hem aan goed op te letten, want de posterijen worden op grote schaal bestolen.

Stan probeert in een foto-automaat een portret van zichzelf te maken, dat hij aan zijn meisje kan sturen. Als het resultaat tegenvalt, vervoegt hij zich bij een fotograaf die postkaarten maakt—bij voorkeur van mooie dames. Finlayson komt binnen en verklaart dat deze kaarten niet mogen worden verstuurd omdat de PTT-beambten erdoor worden afgeleid. Stan verschuilt zich voor de detective, want hij wil als Venus op de foto en heeft zich al omgekleed.

Stan gaat naar het postkantoor, vindt met moeite een schrijvende pen en doet de kaart op de bus zonder postzegel. Net op dat moment hoort hij hoe Finlayson iemand op dezelfde zonde betrapt en bedreigt met twintig jaar gevangenisstraf.

De film gaat over in een jacht door alle denkbare ruimten van het postkantoor. Het is een dubbele *chase*: Stan probeert wanhopig zijn ongefrankeerde kaart terug te vinden in de stapels post, die via lopende band, manden en zakken van hot naar her worden getransporteerd, en Finlayson zit op zijn beurt Stan achterna.

Near Dublin

Regie: Ralph Cedar. Met: Stan Laurel, James Finlayson, Ena Gregory, Mae Dahlberg. (11 mei 1924)

In dit komische kostuumdrama zitten baksteenfabrikant Finlayson en postbode Stan in een Iers dorp achter hetzelfde meisje aan. Als Stan door een baksteen wordt geraakt doet hij alsof hij dood is. Finlayson wordt aan de schandpaal genageld en van moord beschuldigd. Stan verschijnt als spook op zijn proces.

Ook in deze film is een kleine rol weggelegd voor Stans toenmalige levenspartner Mae Dahlberg. Zij is een van de vrouwen die dansen op het dorpsfeest in de kroeg.

Short Kilts

Regie: George Jeske. Met: Stan Laurel, James Finlayson, George Rowe, Katherine Grant, Mickey Daniels. (11 augustus 1924)

In het dorp van de McGregors en de McPhersons heerst vrede zolang de twee families niet bij elkaar over de vloer komen. James Finlayson is oudste zoon van de McPhersons, Stan zijn rivaal bij de McGregors.

De film drijft op Schottenmoppen in geschrift ('Hoeveel kan een Schot drinken?—Elke gegeven hoeveelheid.'), maar vooral ook in beeld. Zo komt Finlayson het huis binnenstormen om zijn ouders te bezweren het eten niet aan te raken, 'want we zijn ergens uitgenodigd'. De uitnodiging komt van de McGregors die juist aan de maaltijd zitten. Het bezoek wordt verzocht even een stoel te pakken, 'want we zijn zo klaar met eten'.

'Near Dublin', met Katherine Grant

Een stoelendans, die de families wel samen doen, slaat om in een hooglopende ruzie. Beide vaders bezweren elkaar dat hun dochters nooit met de zoon van de ander mogen trouwen. Maar liefde is sterk en de twee stelletjes ontmoeten elkaar bij de hoefsmid (George Rowe), die tevens de vrederechter is van het Schotse dorp. Hij blaast het stof van zijn bijbel en verbindt de twee paartjes in de echt.

Om de kosten te drukken besluiten de twee families het dubbele huwelijk samen te vieren in het huis van de McGregors, dat versierd wordt met ingelijste spreuken: '*Let Brotherly Love Continue*' en '*Ours is a Happy Home*'. Voor ze naar het feest gaan en gedachtig aan de vorige uitnodiging, stoppen de McGregors zich thuis vol pap. Als tijdens het feest een reusachtige kalkoen op tafel komt, kunnen ze geen hap meer naar binnen krijgen. Er wordt opnieuw een stoelendans gehouden en opnieuw wordt het ruzie. Stan en James slaan elkaar met de stichtelijke spreuken om de oren.

OOK VOOR ROACH

1923: *Scorching Sands, Short Orders, The Whole Truth, Under Two Jags, Gas and Air*
1924: *Rupert of Hee-Haw, Wide Open Spaces, Zeb and Paprika, Brothers Under the Chin*

1924: BISCHOFF

Mixed Nuts

1924–'25: STANDARD CINEMA–SELZNICK

Hal Roach liet in 1924 Stan Laurel voor de tweede keer gaan. Met beide handen greep Laurel de kans aan om de hoofdrol te spelen in een serie twee-akters onder leiding van producent Joe Rock, een oud-komiek die bij Vitagraph een koppel had gevormd met Earl Montgomery. De twaalf 'Stan Laurel Comedies' van Rocks maatschappij

'West of Hot Dog', met Julie Leonard

'The Snow Hawk', met Julie Leonard en Glen Cavender

Standard Cinema werden gedistribueerd door Selznick.

West of Hot Dog

Regie: Percy Pembroke. Met: Stan Laurel, Lew Meehan. (29 december 1924)

In deze parodie op elke denkbare cowboyfilm arriveert een groentje uit de stad (Stan) in het Wilde Westen om aanwezig te zijn bij het openen van het testament van zijn oom. Het laatste deel van de reis maakt hij in een postkoets, samen met de dochter van de sheriff. Zij ziet niet veel in het doetje naast haar, die zit te lezen in een boek met de titel *Let Brotherly Love Continue.* De koets wordt overvallen door Bad Mike en als diens bende verdwenen is, daagt het meisje Stan uit de rol van koetsier over te nemen. In Hot Dog gearriveerd wordt hij in het kantoor van de notaris opnieuw opgewacht door Bad Mike, die ook van de oom hoopt te erven. Maar het blijkt dat Stan alles krijgt, inclusief de saloon The Last Chance, met de ongelukkige bepaling dat de eigendommen in geval van zijn dood zullen vervallen aan Bad Mike. Stan vlucht op het paard van de bendeleider dat linea recta koers zet naar huis. Als de bende na beroving van de saloon in het huis arriveert ontstaat een schietpartij. De bandieten schakelen elkaar uit zonder Stan te raken—alleen Mike blijft over. Als hij ook die nog onschadelijk maakt, is de dochter van de sheriff een en al bewondering. Maar Stan wil zich niet binden: op de klassieke manier van de eenzame held neemt hij afscheid om in de verte te verdwijnen—niet op een paard, maar hangend aan de hoorns van een koe.

The Snow Hawk

Regie: Percy Pembroke. Met: Stan Laurel, Julie Leonard, Glen Cavender. (30 april 1925)

1925 Stan is bediende in de enige winkel van een gat in het Hoge Noorden. Hij is verliefd op de dochter van zijn baas (Julie Leonard), maar die verscheurt het briefje dat hij haar in handen speelt. Julie voelt meer voor een sergeant van de Mounted Police (Glen Cavender), die wordt geïntroduceerd als 'een man met een zwart hart, een gestolen politieuniform en een gouden tand'. Julie weet niet dat zij de beruchte boef Zwarte Max heeft uitverkoren.

Als Max zich aandient in de winkel trakteert zij hem op bonbons. Stan doet stiekem motteballen in de doos. Hij wordt gedwongen ze zelf te slikken. Als Julie dan ook nog Max 'een prachtmens' noemt, besluit Stan de wijde wereld in te trekken.

Een maand later keert hij na een stoomcursus terug als

'The Sleuth'

officier van de Mounties. Julie verkiest onmiddellijk zijn mooie uniform boven dat van Zwarte Max. Deze besluit de opbrengst van de winkel te stelen uit de brandkast van Julie's vader. Als de diefstal wordt ontdekt trekt hij er samen met Stan op uit, zogenaamd om de dief te vangen. Onderweg, na een sneeuwballengevecht, onthult Max zijn ware aard. Stan goochelt met handboeien—en krijgt uiteindelijk zijn Julie.

The Sleuth

Regie: Percy Pembroke. Met: Stan Laurel, Alberta Vaughan, Glen Cavender, Anita Garvin. (30 juni 1925)

Stan is een detective van het type Sherlock Holmes. Hij wordt ingehuurd door Alberta Vaughan. Haar man is een rokkenjager en een schurk. Stan moet hem betrappen en zich meester maken van enkele belangrijke papieren die de man (Glen Cavender) in zijn bezit heeft.

Na enig ijsberen en pijproken besluit de grote detective zich bij het echtpaar aan te melden als dienstbode. Een kat-en-muis-spelletje op de tweezitsbank tussen de 'dienstbode' en Cavender ontaardt in een jacht rond de tafel. Stan neemt de wijk door het raam. Een uur later sluipt de detective met een vergrootglas door het huis achter zijn eigen voetstappen aan. De bende van Cavender arriveert en probeert de detective onschadelijk te maken. Na diverse ontoereikende vermommingen weet Stan de bende te vloeren door op de sofa, gekleed in avondjurk, de pose aan te nemen van een verleidelijke 'vamp'.

Anita Garvin, die later tegenspeelster van Laurel & Hardy zou worden, is halverwege de film even te zien als medeplichtige van Cavender.

(Latere titel: *Greater than Sherlock Holmes*.)

OOK VOOR STANDARD CINEMA

1924: *Mandarin Mix-Up, Monsieur Don't Care, Detained*

1925: *Half a Man, Navy Blue Days, Twins, Mr. Pyckle And Mr. Pride, Somewhere in Wrong, Pie-Eyed*

1925–'28: ROACH

NA DE VOLTOOIING van zijn films voor Joe Rock keerde Laurel terug naar de studio van Hal Roach, waar hij vanaf dat moment uitsluitend als schrijver, *gag man* en regisseur wilde werken. Nadat hij in *Get 'Em Young* toch als acteur was opgetreden (als invaller voor Oliver Hardy die thuis bij het koken zijn arm had verbrand), liet hij zich alsnog overhalen weer regelmatig voor de camera te verschijnen. De koppeling aan Hardy was toen nog maar een kwestie van maanden, al duurde het langer (tot in 1927) voor er een echt team ontstond.

Get 'Em Young

Regie: Fred Guiol. Met: Stan Laurel, Harry Myers, Max Davidson. (31 oktober 1926)

1926 Stan is de butler (met rode neus) van Myers die per schip uit Europa terugkeert naar Amerika, waar hij een erfenis van een miljoen dollar in ontvangst kan nemen als hij vóór zijn eenendertigste verjaardag is getrouwd. Tijdens een zware storm op zee wordt Myers in de armen gedreven van een zeezieke medepassagiere. De kapitein trouwt het stel.

Alles lijkt geregeld, maar op de kade wordt Myers opgewacht door zijn advocaat (Max Davidson), die ten koste

'Get 'Em Young', met Harry Myers

'Should Tall Men Marry?'

van twintigduizend dollar op eigen houtje een bruid heeft uitgezocht, want de fatale verjaardag is aangebroken. De geschokte kersverse echtgenote van Myers neemt de benen.

In overleg met de advocaat wordt Stan uitgekozen om in travestie voor jonge bruid te spelen. Hij stribbelt tevergeefs tegen en bedrinkt zich. Als hij met een opgelijmde pruik voor de vrederechter verschijnt weigert hij het jawoord te geven. Gelukkig is (om onduidelijke redenen) Myers' echte vrouw getuige bij het mislukte schijnhuwelijk en zij vergeeft hem alles.

Stan Laurel trekt in deze film volgens eigen zeggen voor het eerst zijn typerende huilgezicht.

Een uitstekende kopie van *Get 'Em Young* werd in 1992 in Nederland teruggevonden onder de titel *Tot Elken Prijs*.

Should Tall Men Marry?

Regie: Clyde Bruckman. Met: James Finlayson, Stan Laurel, Martha Sleeper. (15 januari 1928)

1928 Stan is cowboy op de ranch van Finlayson, een rijke graanboer met een dochter in de huwbare leeftijd. Teddy, een maat van Stan, heeft iets moois met deze Martha, maar Pa Finlayson heeft wel oren naar een andere huwelijkskandidaat, een zekere 'Snake-tail' Sharkey, die zegt een bank te bezitten.

Pa slaat om als een blad aan een boom als Sharkey zijn tegenstribbelende dochter ontvoert. Samen met Stan zet hij te paard de achtervolging in. In en om een oude schuur, waar Martha en Teddy door Sharkey en zijn bende worden vastgehouden, ontbrandt een hevige strijd. Een voor een worden de bendeleden onschadelijk gemaakt. Sharkey zelf wordt in de tang genomen met de wringer van een wasmachine en een paardehoofdstel.

(Latere titel: *Ranch House Riot*.)

OOK VOOR ROACH

1925: *Unfriendly Enemies*
In 1925 regisseerde Stan Laurel de volgende twee-akters voor Hal Roach zonder erin te acteren: *Wandering Papas* (met Oliver Hardy), *Yes, Yes, Nanette* (met Oliver Hardy), *Moonlight and Noses.*
1926: *On The Front Page, Atta Boy*
In 1926 regisseerde Laurel de volgende films zonder erin te acteren: *Madame Mystery* (met Oliver Hardy), *Never Too Old, The Merry Widower* (met Charley Chase), *Wise Guys Prefer Brunettes, Raggedy Rose* (met Mabel Normand)
1927: *Seeing the World* (met Our Gang), *Eve's Love Letters*

Laurel & Hardy

1920: SUN-LITE

The Lucky Dog (zie filmografie Stan Laurel)

1926–'40: HAL ROACH (tenzij anders vermeld)

OVER de precieze geboortedatum van het duo zijn de meningen verdeeld. In hun eerste films samen was zelden sprake van een echt team; meestal waren Laurel en Hardy elkaars tegenstanders. In *Forty-Five Minutes from Hollywood* hadden ze niet één scène samen; in *Duck Soup* waren ze vrienden, maar niet in hun later zo vertrouwd geworden plunje; in *Do Detectives Think?* droegen ze voor het eerst bolhoeden. Hal Roach Studios startte de 'Laurel & Hardy Series' officieel pas met *Should Married Go Home?* in september 1928. Alle voorafgaande duofilms kwamen uit in de 'All-Star Series'.

1926: *Forty-Five Minutes from Hollywood*
1927: *Duck Soup, Slipping Wives, Love 'Em and Weep, Why Girls Love Sailors, With Love and Hisses, Sailors Beware!, Do Detectives Think?, Now I'll Tell One, Flying Elephants, Sugar Daddies, The Second Hundred Years, Call of the Cuckoos, Hats Off*
1928: *Putting Pants On Philip, The Battle of the Century, Leave 'Em Laughing, The Finishing Touch, From Soup to Nuts, You're Darn Tootin', Their Purple Moment, Should Married Men Go Home?, Early to Bed, Two Tars, Habeas Corpus, We Faw Down, Liberty*
1929: *Wrong Again, That's My Wife, Big Business, Double Whoopee, Angora Love, Unaccostumed as We Are* (eerste sprekende film), *Berth Marks, Men O'War, The Hollywood Revue of 1929* (MGM), *Perfect Day, They Go Boom, The Hoose-Gow*
1930: *The Rogue Song* (MGM), *Night Owls, Blotto, Brats, Below Zero, Hog Wild, The Laurel–Hardy Murder Case, Pardon Us, Another Fine Mess*
1931: *Be Big, Chickens Come Home, The Stolen Jools* (National Variety Artists), *Laughing Gravy, Our Wife, Come Clean, One Good Turn, Beau Hunks*
1932: *On the Loose, Helpmates, Any Old Port, The Music Box, The Chimp, County Hospital, Pack Up Your Troubles, 'Scram!', Their First Mistake*
1933: *Towed in a Hole, Twice Two, Fra Diavolo* (ook: *The Devil's Brother*), *Me and My Pal, The Midnight Patrol, Busy Bodies, Wild Poses, Dirty Work, Sons of the Desert*
1934: *Hollywood Party* (MGM), *Oliver the Eighth, Going Bye-Bye, Them Thar Hills, Babes in Toyland, The Live Ghost*
1935: *Tit For Tat, The Fixer-Uppers, Bonnie Scotland, Thicker Than Water*
1936: *The Bohemian Girl, Our Relations, On the Wrong Trek*
1937: *Way Out West, Pick a Star*
1938: *Swiss Miss, Block-Heads, The Flying Deuces* (produktie: Boris Morros)
1940: *A Chump at Oxford, Saps at Sea*

DE GROTE STUDIO'S

OP 5 APRIL 1940 liep het contract met de Hal Roach Studios af. Laurel en Hardy stichtten hun eigen maatschappij, maar tot onafhankelijke produkties kwam het niet. Wel waren enkele grote studio's (MGM, 20th Century-Fox) op hun eigen voorwaarden bereid met de komieken in zee te gaan.

1941: *Great Guns* (Fox)
1942: *A-Haunting We Will Go*
1943: *Air Raid Wardens* (MGM), *Jitterbugs* (Fox), *The Dancing Masters* (Fox)
1944: *The Big Noise* (Fox), *Nothing But Trouble* (MGM)
1945: *The Bullfighters* (Fox)
1951: *Atoll K.* (*Utopia*) (Franco London Film, Films E.G.E., Films Sirius, Fortezza Film)

Register

Cursieve getallen verwijzen naar afbeeldingen

Bibliografie

Voor de samenstelling van dit boek werd dankbaar gebruikt gemaakt van de volgende bronnen:

Brooks, Leo: *The Desert Song, Shifting Sands*
Newsletters Sons of the Desert
Hayward, CA. [Privé-uitgave], 1986–1988

Brownlow, Kevin, & John Kobal: *Hollywood, The Pioneers*
New York: Alfred A. Knopf, 1979
ISBN 0-394-50851-3

Chaplin, Charles, Jr.: *My Father, Charlie Chaplin*
London: Longmans, Green & Co. Ltd., 1960

Gehring, Wes D.: *Laurel & Hardy, A Bio-Bibliography*
Westport etc.: Greenwood Press, 1990
ISBN 0-313-25172-X, ISSN 0193-6891

Guiles, Fred Lawrence: *Stan: The Life of Stan Laurel*
Updated version
Chelsea: Scarborough House/Publishers, 1991
ISBN 0-8128-8528-7

McCabe, John: *Mr. Laurel and Mr. Hardy*
New York: Doubleday and Company, Inc., 1961
ISBN 0-452-25724-7

McCabe, John: *Babe: The Life of Oliver Hardy*
Robson Books Ltd., London, 1989
ISBN 0-86051-612-1

McCabe, John: *The Comedy World of Stan Laurel*
Centennial Edition
Beverly Hills: Moonstone Press, 1974
ISBN 0-940410-23-0

Ramsaye, Terry: *A Million and One Nights*
New York: Simon and Schuster, 1926

Robinson, David: *Chaplin: His Life and Art*
London etc: Paladin Grafton Books, 1968
ISBN 0-586-08544-0

Skretvedt, Randy: *Laurel and Hardy, The Magic Behind the Movies.* Second Edition
Beverly Hills: Past Time Publishing Co., 1994
ISBN 0-940410-29-X

Slide, Anthony: *Early American Cinema*
New York: A.S. Barnes & Co.
London: A. Zwemmer Limited, 1970
ISBN 302-02059-4 (U.K.), 0-498-07717-9 (U.S.A.)